Günther
Haller

MARX
UND
WIEN

Günther Haller

MARX UND WIEN

Von den Barrikaden zum Gemeindebau

MOLDEN

Inhalt

Einleitung 6

I.
»Der Anfang vom Ende in Österreich«
MARX IM VORMÄRZ 8

II.
»Trommelschlag mit Gewehr«
MARX UND DIE WIENER REVOLUTION 42

III.
»Die lausige Presse, es sind Esel«
MARX, DER JOURNALIST 76

IV.
»Die Hunde von Hohenzollern und Habsburgern«
MARX UND DIE RESTAURATION 108

V.
»Dein starker Arm«
MARX UND DIE ÖSTERREICHISCHE ARBEITERBEWEGUNG 138

Anhang
Zeittafel 188
Literatur 189
Bildnachweis 191

EINLEITUNG

Am 9. August 1815 setzte ein Schiff im britischen Hafen Plymouth die Segel: Die Fahrt ging zur Insel St. Helena, es galt, einen Mann aus Europa zu entfernen, der den Kontinent in Angst und Schrecken versetzt hatte. Dieser Mann war Napoleon Bonaparte, er hatte vor seiner Verbannung noch großspurig erklärt: »Wenn ich fort bin, wird die Revolution – oder vielmehr die Ideen, die sie inspirierten – ihr Werk mit erneuter Kraft fortsetzen.« Das sahen andere in Europa auch so. Eine Person, die alle in Atem gehalten hatte, war zwar verschwunden, doch wie waren die Geister zu zügeln, die seit 1789 den Kontinent umtrieben? Der Wahlspruch »Freiheit, Gleichheit und Brüderlichkeit«, den die Franzosen in die Welt gesetzt hatten, beseelte viele, das musste den Herrschenden Sorge bereiten. Die alten Sicherheiten des Lebens schienen bedroht wie noch nie. Wenn das so weiterging, würden binnen weniger Jahrzehnte alle Zepter Europas zerbrechen.

Auch das der Habsburgermonarchie, die über so viele »andere Völker« herrschte, die für den nationalen Gedanken empfänglich waren, diesen großen »Schwindel«, wie es der populäre österreichische Kaiser Franz I. nannte. Doch das Virus des revolutionären Aufruhrs erwies sich in seiner langen Regierungszeit als nur mäßig ansteckend. Nur drei Jahre nach dem endgültigen Sieg über Napoleon wurde in Trier Karl Marx geboren, der Mann, der wie kein anderer die Geschichte des 19. und 20. Jahrhunderts durch seine revolutionären Ideen, seine Theorien und seine Schriften beeinflusst hat. Was ihn antrieb, war nicht der Gedanke des Nationalismus.

Dieser Karl Marx war in Wien, als sich hier das wichtigste gesellschaftspolitische Ereignis Österreichs im 19. Jahrhundert vollzog: die denkwürdige Erhebung gegen den Metternich'schen Absolutismus, die Revolution des Jahres 1848. Marx kam am 27. August nach Wien und traf hier bei Versammlungen mit Revolutionären zusammen, es war der erste Moment in der österreichischen Geschichte, in dem sich die Arbeiterschaft in Massenbewegungen bemerkbar machte und selbstständig auftrat. Doch der schon recht berühmte Gast kam in einer Phase der Revolution, als sich das Bündnis zwischen Bürgertum und Arbeiterschaft aufgelöst hatte, was das Schicksal der Revolution besiegelte. Es begann sich gerade die Niederlage der Aufständischen abzuzeichnen.

Marx war in diesem Jahr 30 Jahre alt, seit dem Beginn seines journalistischen und politischen Aktivismus hatte er ebenso wie sein Weggefährte Friedrich Engels die Habsburgermonarchie mit im Visier. Beide sahen den Staat, der noch bis 1918 existieren sollte, gerade in seiner letzten geschichtlichen Phase und unmittelbar vom Zerfall bedroht. Österreich hatte für die beiden keine politische Priorität, doch sie lieferten fundierte Analysen über die wirtschaftlichen und sozialen Zustände des Landes, sowohl für die Zeit des Vormärz, für das Revolutionsjahr und dann für die Zeit des Neoabsolutismus. Alle ihre Analysen der österreichischen Zustände kreisen um das Thema: Was kann die Revolution in dem Land bewirken, wie kann sie in Gang gesetzt werden?

I.
»Der Anfang vom Ende in Österreich«
MARX IM VORMÄRZ

Als gegen Ende des Jahres 1857 in Wien endlich die alten Mauern der Stadtbefestigungen fielen, schrieb Franz Grillparzer ein Epigramm mit dem Titel »Stadterweiterung«: »Wiens Wälle fallen in den Sand; / Wer wird in engen Mauern leben! / Auch ist ja schon das ganze Land / Mit einer chinesischen umgeben.«

Eine Anspielung auf das hierzulande tief verwurzelte Obrigkeitsdenken und die Skepsis gegenüber neuen Entwicklungen. Diese Metapher von Österreich als dem »China Europas«, die von Grillparzer wie auch anderen Satirikern aufgegriffen wurde, geht zurück in die Zeit des Vormärz und wurde schon von Karl Marx und Friedrich Engels für die Charakterisierung Österreichs verwendet. Alles sollte hier – zumindest bis 1848 – immer beim Alten bleiben, die überkommenen Autoritäten, die der Grundherren, der Fabrikanten, der Handwerksmeister über ihre Untergebenen, sollten bestehen bleiben. Der Monarch und seine Berater wüssten ohnehin am besten, was zu tun sei, da bräuchte sich der Rest der Gesellschaft nicht den Kopf zu zerbrechen. Den Volksmassen, der Mittelschicht und auch einem Großteil der Aristokratie wurde jede Mitwirkung an politischen Entscheidungen verwehrt. So die bewährte Ordnung. Doch die Ordnung der einen war nach Ansicht der fortschrittlichen Kräfte das Gefängnis der anderen. Europa zeigte sich tief gespalten: in Liberale, die an die allmähliche Entwicklung der Demokratie mithilfe einer vernünftigen konstitutionellen Monarchie glaubten, in Revolutionäre, die den gewaltsamen Umsturz propagierten, und auf der Gegenseite die bewahrenden Kräfte, die bei jeder Liberalisierung nur Aufruhr und mörderisches Chaos witterten und dies durch den

Ausbau eines Polizei-, Zensur- und Spitzelapparats zu verhindern suchten. In diesem Lager war Österreich.

Auch das Land, in dem Karl Marx geboren wurde, aufwuchs und studierte, das Rheinland, hatte – allerdings nur auf den ersten Blick – Ähnlichkeiten mit der österreichischen Monarchie: Es war vom Katholizismus geprägt und gehörte zu einem Königreich, das seine Bürger zu Untertanendenken verpflichten wollte, freilich mit einem ungleich privilegierteren Freiraum des Denkens, als es in Österreich damals gab. Wie Marx, der im katholischen Trier geborene Bürgersohn und Untertan des preußischen Königreiches, zu seinem Weg fand, der ihn zum Bündnis mit den Barrikadenbauern von 1848 führte, soll hier in der gebotenen Kürze zusammengefasst werden.

Rheinländische Freidenker

Die Französische Revolution hatte Trier, das erzkatholische Kurfürstentum, infiziert. Zwanzig Jahre Besetzung durch französische Truppen ab 1794 genügten, um die neuen Ideen hereinzulassen. Juden wie der Trierer Advokat Heinrich Marx erhofften sich eine Besserung ihrer eingeschränkten sozialen Position. Doch die französische Vorherrschaft über Europa zerbrach wieder, Trier und der größte Teil Deutschlands westlich des Rheins fielen durch den Wiener Kongress an das Königreich Preußen. Es sollte die Rolle eines Grenzhüters gegen französische Hegemonialbestrebungen erfüllen, an die Wünsche der rheinischen Bevölkerung, in der sich durch die französische Besatzung ein konstitutionelles Gedankengut verankert hatte, dachte keiner. Protestanten wie die Preußen waren in Trier per se unbeliebt, gleichzusetzen mit den gottlosen Franzosen. Noch dazu verlangten sie unverschämt hohe Steuern. Trier fühlte sich als ausgebeutete Kolonie. Preußischer Absolutismus und rheinische Bürgermitbestimmung, das konnte nicht gutgehen. Das Pulverfass sollte 1848 explodieren.

Zurück zu Heinrich Marx. Es war schwer, ein guter preußischer Staatsdiener und zugleich ein Anhänger der Kant'schen Aufklärungsideen zu sein. Es war schwer, als Protestant im katholisch geprägten tiefreligiösen Trier gesellschaftliche Anerkennung zu finden, zumal wenn man als Jude geboren worden war und erst später konvertierte. Und man hatte es nicht leicht in einer immer noch intakten alteuropäischen Ständegesellschaft, wenn man mit den Idealen der Französischen Revolution sympathisierte. Man war gezwungen, ein Leben voller Kompromisse und Windungen zu führen. Republikanische Ideen zu verfolgen und konsequent und radikal gegen die preußische Herrschaft zu kämpfen fiel fast keinem ein. Auch nicht den Schülern des Gymnasiums von Trier, auch nicht Karl Marx, der dort seine Reifeprüfung ablegte, auch nicht seinem Vater Heinrich, außer wenn er alkoholisiert übermütige Reden schwang.

So schickte Vater Marx Karl im Oktober 1835 als guten preußischen Untertan zum Zwecke des Studiums und der Berufsfindung nach Bonn. Dass sich in der Folge die Schwierigkeiten zwischen der Familie und dem störrischen Sohn bis an die Grenze des Erträglichen summierten, war noch nicht vorherzusehen. Der Vater rügte die »grandiose Nachlässigkeit« des Sohnes, es sei unverantwortlich, der Mutter keine Nachrichten zu schicken. Doch der widmete sich trotz angeschlagenem Gesundheitszustand einem fröhlichen, also normalen Studentenleben, mit viel Alkohol und Gesang in der »Trierer Landsmannschaft«, einer schlagenden Burschenschaft. Doch dazwischen wurde auch wie geplant Rechtswissenschaft studiert, von politischen Fragen galt es sich fernzuhalten. Menschen mit revolutionären Ideen kamen wegen »demagogischer Umtriebe« leicht in Festungshaft. Durch die »Karlsbader Beschlüsse« von 1819, ein Ausfluss von Metternichs Revolutionsängsten, waren liberale und nationale Tendenzen im nachnapoleonischen Deutschland unter Strafe gestellt, die Presse zensuriert, Universitäten streng kontrolliert, burschenschaftliche Aktivitäten verboten.

Der Mohr und die Prinzessin

An dieser Bonner Universität, einer preußischen Gründung, kamen sie zusammen, die rheinländischen liberalen Freidenker und die protestantische staatstreue Adelselite aus Preußen. Wer würde hier wen integrieren? Ganz riss bei Marx die Verbindung zu Trier nicht ab, denn da war ein Schulfreund aus der Heimat, Edgar von Westphalen – ein liebenswerter Kerl, stets mit revolutionären Gedanken im Kopf –, und an seiner Seite stand eine wunderschöne junge Frau, seine Schwester Johanna Bertha Julie Jenny von Westphalen. Sie wurde von allen Jenny gerufen und galt als tolle Partie: Tochter eines Barons, preußische Oberklasse. Sie war das »quondam schönste Mädchen von Trier und Ballkönigin« dazu. Die Bekanntschaft mit der 22-jährigen Schönheit schmeichelte dem vier Jahre jüngeren Marx, der sich als ungestümer und kaum zu bremsender Verehrer erwies und sich in den Sommerferien des Jahres 1836 mit ihr verlobte, denn: »Es ist verdammt angenehm für einen Mann, wenn seine Frau in der Fantasie einer ganzen Stadt so als ›verwunschene Prinzessin‹ fortlebt.«

Wohlweislich verschwieg Jenny ihren Eltern ein Jahr lang dieses Ereignis. Die gesellschaftlichen Unterschiede waren zwar vorhanden, aber nicht allzu groß, Jennys Adelsrang war eher zweitrangig, doch es gab da noch die völlig ungewisse materielle Zukunft und die jüdische Abstammung des jungen Mannes. So hatte diese Verbindung von Anfang an etwas Umstürzlerisches, Rebellisches in der bürgerlichen Ordnung der Zeit. Sieben Jahre dauerte die Verlobungszeit, Karl, unsicher wegen des Altersunterschieds und eifersüchtig, zeigte sich nicht unkompliziert, wiewohl die Beziehung zunächst fast ausschließlich in Briefform existierte. Jenny hielt diesem zweifelhaften Individuum ohne Anstellung und Perspektive die Treue, ihre Heimat Trier, das »alte Pfaffennest mit seiner Miniatur-Menschheit«, verachtete sie, Karl war erregend anders als die eng-provinzielle Heimatstadt.

Jugendliebe mit Hindernissen: Jenny von Westphalen und der Student Karl Marx

Die Preußenherrschaft war unbeliebt in Bonn, Karl Marx, der wegen seiner dunklen Hautfarbe hier den Spitznamen »der Mohr« erhielt, den er für Freunde bis an sein Lebensende behalten sollte, duellierte sich mit Studenten aus dem preußischen Osten, lieferte sich Schlägereien, wenn er betrunken die Ehre der Rheinländer gegen die arroganten Aristokraten zu verteidigen suchte. Sein Umgang mit Geld war eine schlichte Katastrophe, der Vater wieder erzürnt: »Man fordert auch von einem Gelehrten Ordnung, besonders aber von einem praktischen Juristen.« Oder könne sein Sohn nicht einmal sein Geld wie ein vernünftiger Mensch in Ziffern berechnen, zu »Colonnen« addieren und versuchen, damit auszukommen?

Also empfahl sich wieder ein Wechsel der Universität. Der Vater konnte froh sein, dass Karl nach einem Jahr wilder Ausschweifungen in Bonn im Wintersemester 1836 an die Berliner Universität wechselte, hier war mehr Seriosität zu erwarten, mehr »Sinn für Höheres«. Der hohe geistige Rang dieser Einrichtung war unbestritten, der Vater hoffte nun, dass der durch die Verlobung vernünftig gewordene Sohn seine Karriere »im Sturmschritt« vorantreiben würde. Doch ließ sich der Student zuvor durch die

Kneipen ablenken, war es in Berlin das pulsierende literarische Leben, das ihn fesselte. Er begann romantische Gedichte und schwülstige Versdramen zu schreiben und sich mit den Ideen des Philosophen Georg Wilhelm Friedrich Hegel auseinanderzusetzen, las ihn wie berauscht vom Anfang bis zum Ende.

Vom Hörsaal in die wirkliche Welt

Die Anziehungskraft von Hegels Denken lag darin, dass durch ihn die Geschichte einen Sinn erhielt, man konnte mit seiner Hilfe Vergangenes erklären, die Gegenwart rational interpretieren, auf Zukünftiges schließen. Marx war fasziniert von Hegels Methode, in der er einen Schlüssel zum Verständnis der Entwicklung des Menschen gefunden zu haben glaubte, und schloss sich den Junghegelianern an, also jenen, die das Subversive an Hegels frühen Werken begeisterte und die es als Aufruf zum Handeln verstanden. »Jung« waren sie nicht nur wegen ihres Lebensalters, der zeittypische Begriff »jung« (etwa »Junges Deutschland«) bedeutete auch religiösen Rationalismus bis hin zum Atheismus, Außenseiter- und Freidenkertum, politische Radikalität, Wille zu Veränderungen, Vertretung republikanischer und demokratischer Ideale. Das war damals alles schlecht für die Berufsaussichten an deutschen Universitäten. Die Junghegelianer endeten in einem finanziell ungesicherten Bohèmeleben oder linkem politischem Aktivismus: »Eine verlorene Generation des deutschen Geisteslebens.« (Jonathan Sperber). Französische Beobachter konstatierten verwundert die Kluft, die sich zwischen revolutionärem Denken und konkreter politischer Aktion bei den deutschen Intellektuellen auftat. Freilich: Der Kreis der Universitätsabsolventen, die diesen politischen Gärungsprozess in die Welt hinaustrugen, war sehr überschaubar, ihre Schlachtrufe für die meisten anderen Deutschen nicht nur nicht nachvollziehbar, sondern ihnen nicht einmal bekannt. Marx war einer von ihnen, an die Stelle Gottes oder der Idee bei Hegel setzte er den Menschen, in seiner Unterworfenheit unter die materiellen Umstände und die wirtschaftlichen Kräfte.

Aus allen Büchern, die er las, machte sich Karl Marx Exzerpte, eine Methode, die er sein Leben lang beibehielt. All diese Notizen und Kommentare zeigen: Seine Interessen waren breit gestreut, im Hörsaal war er selten, sein Schuldenstand war stets hoch, seine Arbeitsmethode »Ordnungslosigkeit, dumpfes Herumschweben in allen Teilen des Wissens, dumpfes Brüten bei der düsteren Öllampe; Verwilderung im gelehrten Schlafrock und ungekämmte Haare«, so in einer treffenden Analyse der Vater, der den Studienabschluss in Rechtswissenschaft in weite Ferne gerückt sah und, selbst an Tuberkulose erkrankt, am Sohn zu verzweifeln begann. Die Entfremdung wuchs. Zur Trauerfeier nach dem Tod des Vaters 1838 erschien der Sohn nicht, die finanzielle Unterstützung von zu Hause versiegte mit Ausnahme eines Erbanteils. Wegen dieser »Privatlumpereien« zog sich der Rest der Familie, vor allem die Mutter, den Hass des sich betrogen Fühlenden zu. Das private Finanzchaos begann und sollte jahrzehntelang nicht mehr enden. Bettelbriefe, frustrierte Gläubiger, Geschenkannahmen, Erbstreitigkeiten mit der Familie und trotz allem ein Leben auf (zu) großem Fuß begleiteten ihn Jahrzehnte, die gut bezahlte Stellung gab es nicht, auch keine juristische Laufbahn.

An der Berliner Universität gewannen die Hegel-Gegner, während Marx an einer philosophischen Dissertation über Demokrit und Epikur schrieb, die Oberhand, unter dem neuen Preußenkönig Friedrich Wilhelm IV. wurde die Zensurschraube angezogen. So reichte Marx seine Dissertation an der problemloseren Universität von Jena ein, wo man »Geist, Scharfsinn und Belesenheit« des Promovierenden bewunderte. Marx war nun, im Juni 1841, Doktor der Philosophie, doch ohne väterliches Erbe ohne Perspektive. Naheliegend, dass er in Köln landete, damals ein Anziehungspunkt für fortschrittliche Geister, die dort ansässigen Bankiers und Geschäftsleute lehnten die verknöcherten bürokratischen Strukturen ab und verschafften der Stadt ein liberales Image.

Marx zog es zur eben erst in Köln gegründeten »Rheinischen Zeitung«, sein ruheloser Geist landete beim Journalismus. Er wandte sich vom »nebelnden und schwebelnden Räsonnement« der Philosophen ab, »die wirkliche Welt«, »der solide Boden der Wirklichkeit« in-

Marx' nächste Station nach Bonn: die Berliner Humboldt-Universität

teressierte ihn jetzt. Sein erster journalistischer Essay, eine Polemik gegen die preußische Zensur, erschien 1842 und wurde sofort verboten. Marx, gerade erst 24 Jahre alt, behaart wie ein alttestamentarischer Prophet, übte eine große Wirkung auf Intellektuelle aus, es gibt aus dieser Zeit zahlreiche ehrfürchtige Beschreibungen des »schwarzen Kerls aus Trier, dem markhaft Ungetüm« (Friedrich Engels). Man bewunderte die leidenschaftliche und grenzenlose Selbstsicherheit des struppigen Burschen. Moses Heß von der »Rheinischen Zeitung« nannte ihn »den größten, vielleicht den einzigen jetzt lebenden eigentlichen Philosophen, der ... die Augen Deutschlands auf sich ziehen wird. ... Er verbindet mit dem tiefsten philosophischen Ernst den schneidendsten Witz.« Das traf vor allem auf seine Texte zu, vor einer größeren Zuhörerschaft vermochte Marx wegen seines Lispelns und seines ausgeprägten Dialekts weit weniger zu überzeugen. Seine auffällige Erscheinung trug einiges zu seiner Bekanntheit bei, kaum jemand unterließ es, auf sein Löwenhaupt und das pechschwarze Kopfhaar, seinen Vollbart und die blitzenden Augen hinzuweisen. Kein Prophet ohne Bart, dieser trug wesentlich zur Ikonenwirkung bei.

»Der sichere Stich ins Herz«

Sein Lebenswandel blieb durchaus der eines »koboldischen« und nicht bändigbaren Studenten, mit lärmenden Saufgelagen und Raufereien, mit wilden Angriffen auf die Intoleranz des preußischen Absolutismus und gleichzeitigen Tiraden gegen die Unzulänglichkeiten der liberalen Oppositionellen. (»Sie haben die Freiheit der Presse nie als Bedürfnis kennengelernt. Sie ist ihnen eine Sache des Kopfes, an der das Herz keinen Teil hat.«) Die Pressefreiheit war für ihn »eine Schönheit, ... die man geliebt haben muss, um sie verteidigen zu können«. Sein Leben lang kannte er bei der Auswahl der von ihm attackierten Opfer keine Feigheit und keine Rücksichtnahme, bei ihm gäbe es nur den »sicheren Stich ins Herz«, so ein Zeitgenosse. So sammelte er Gegner, in der Regierung wie in der Opposition.

Im Oktober 1842 wurde er, der für die Liberalen und Republikaner ein begnadeter Polemiker, für die Staatsvertreter ein subversiver Radikaler war, leitender Redakteur der »Rheinischen Zeitung.« Das Blatt, 1842 gegründet und finanziert von liberalen Kölner Kapitalisten, Bankiers und Kaufleuten, die sich nicht »verpreußen« lassen wollten, gilt als die erste kommunistische Zeitung Deutschlands. Moses Heß, Bürgersohn jüdischer Abstammung und einer der Gründer der Zeitung, war nach Kontakten mit zahlreichen sozialistischen und kommunistischen Weltveränderungstheoretikern in Paris, bereits überzeugter Kommunist. Damit war für Marx ein entscheidender Schritt vom universitären Leben in das des politischen Aktivismus getan, er stieg ab in die »gemeine Wirklichkeit« Hegels, Neuland für einen, der sich nur mit Philosophie und Jurisprudenz beschäftigt hatte. »Als Redakteur der Rheinischen Zeitung kam ich zuerst in die Verlegenheit, über so genannte materielle Interessen mitsprechen zu müssen.« Eine Beamtenkarriere im preußischen Staat, der nun völlig in der Hand von frommen Konservativen war, erschien undenkbar.

Doch auch die Karriere bei der »Rheinischen Zeitung« hielt nicht lange, sie wurde wegen antipreußischer Artikel eingestellt, die Marx mitzuverantworten hatte. Marx hatte seine journalistischen Fähigkeiten eindrucksvoll unter Beweis stellen können, war bekannt geworden, doch was nützte das? Er war erwerbslos und hielt sich nur über Wasser, weil die Finanziers der Zeitung aus der Kölner Geschäftswelt ihn schätzten und unterstützten. Sie stammten aus der Gesellschaftsklasse, der Marx bald den Kampf ansagen wird – außerhalb von Köln, ja außerhalb Deutschlands, als teils freiwilliger, teils gezwungener Emigrant: »Ich bin der Heuchelei, der Dummheit, der rohen Autorität und unsers Schmiegens, Biegens, Rückendrehens und Wortklauberei müde gewesen.« Doch bevor er ins Ausland ging, heiratete er seine Jenny am 19. Juni 1843. Im Oktober kamen sie in Paris an.

Der Kommunismus, noch wenig unterschieden vom Sozialismus, wurde gerade zu einer viel besprochenen Frage in Deutschland. In der »Rheinischen« erschien ein »Kommunistisches Manifest« französischer Sozialisten, ein zweibändiges Werk »Der Sozialismus und Kommunismus des heutigen Frankreich« informierte das deutsche Publikum zum ersten Mal genauer über die neuesten Entwicklungen. Hier gab es bereits die Differenzierung zwischen dem friedlichen Weg der Sozialisten und dem gewaltsamen der Kommunisten auf dem Weg zu einer besseren Gesellschaft, ansonsten wurden die Begriffe damals noch synonym verwendet. Eine Gruppe der Junghegelianer steuerte auf den Kommunismus zu, sie übernahm Ideen von Henri de Saint-Simon und Charles Fourier aus Frankreich über die Abschaffung des Privateigentums, nur die soziale Revolution auf der Grundlage des Gemeinbesitzes könne die Entwicklung vorantreiben. Marx lehnte das zunächst als »gedankenleere Sudeleien« ab.

»Opium des Volkes«

Paris, damals die intellektuelle Hauptstadt Europas, zog die deutschen radikalen Dissidenten magnetisch an. Hier gab es seit 1830 in einer liberal-konstitutionellen Monarchie die Freiheitsrechte, die sie zu Hause vermissten, hier tummelten sich Vertreter eines breiten politischen Spektrums, auch Aktivisten der Arbeiterklasse mit unausgegorenen sozialistischen Ideen, die unzensiert ihre

Meinung öffentlich vertraten. Ein erstes Verlagsprojekt, in das Marx große Hoffnung gesetzt hatte, die »Deutsch-französischen Jahrbücher«, scheiterte, eine Geldüberweisung von Kölner Gönnern rettete ihn (Jenny hatte inzwischen ein Mädchen zur Welt gebracht). In zwei Beiträgen entwickelte er eine philosophische Kritik an der Religion (»Opium des Volkes«) sowie eine Vorstellung davon, wie sich politische und gesellschaftliche Änderungen realisieren ließen, eine erste Formulierung seiner kommunistischen Ideale. Nur eine Klasse komme infrage, die die Revolution übernehmen werde, nämlich eine, deren soziale Situation so elend und deren Notlage so ausweglos sei, dass sie auf eine vollständige Umwälzung aller bestehenden Verhältnisse angewiesen sei. Marx war in dieser Denkart nicht bei den Pionieren in der Szene, er kannte die Leiden und Bestrebungen der Arbeiter überhaupt nicht.

Als politischer Einzelkämpfer in Paris traf er französische Sozialisten, russische Anarchisten, deutsche Handwerker – und 1844 Friedrich Engels, zwei Jahre jünger als Marx und als praktisch veranlagter Fabrikantensohn mit Talent zum Geldverdienen fast ein Gegenbild zu Karl Marx. Daraus wurde ab dem Beginn der 1850er-Jahre eine enge, wenn auch gelegentlich konfliktbeladene Partnerschaft und lebenslange politische und persönliche Zusammenarbeit im Kampf für die gemeinsame Sache. In ihren Anfängen standen sie beide zunächst für eine allgemeine Anklage gegen Throne und Altäre und fanden es als typische Philosophen, die mit den Waffen der Kritik kämpften, gewöhnungsbedürftig, in den ungebildeten und hungernden Massen eine verlässliche Kraft zu sehen.

Das änderte sich bei Engels ab 1842 durch seinen Aufenthalt in England, wo er in die Fabriken und Slums ging, um seine Beobachtungen zu machen, und wo er die Unruhe unter den Proletariern studieren konnte. Einige Artikel dazu, auch über die mächtige Chartisten-Bewegung, die das allgemeine Wahlrecht und ein Mitspracherecht der Arbeiter in der englischen Politik forderte, erschienen 1842 in der »Rheinischen Zeitung«, einige auch in der Schweiz. Nach zwei Jahren kehrte Engels aus England zurück, er war nun weit besser über nationalökonomische Probleme informiert als der abstrakte Denker Marx, der die Lektüre der Klassiker der politischen Ökonomie jetzt erst nachholte, Engels hatte eine fortgeschrittene Industriegesellschaft studiert. Doch 1844 war auch Marx so weit zu erkennen, dass der Klassenkampf und das Proletariat allein imstande waren, die Vision des revolutionären Traums zu realisieren. Die Alternativen dazu wurden nun verworfen. Freilich: Ein Berufsrevolutionär und Agitator wurde Marx nie, dem standen sein wissenschaftlicher Background und sein professorales Auftreten im Weg, auch seine Rolle als Familienvater.

Der lange Arm der preußischen Regierung reichte bis nach Frankreich, Schikanen begannen nun das Leben von Marx auch außerhalb seiner Heimatgrenzen in Unruhe zu versetzen, so prominent war er inzwischen. Man intervenierte bei der liberalen französischen Regierung, die inzwischen auch nicht mehr glücklich über die radikalen Aktivitäten in Paris war. Es kam 1845 zur Ausweisung von fünf Deutschen, unter ihnen Marx, die als preußische Staatsfeinde bezeichnet wurden. Deprimiert übersiedelte Marx mit seiner Familie von Frankreich nach Belgien. Adieu Paris! Er muss sich zunächst im politischen Abseits gefühlt haben, doch in den folgenden drei Jahren setzte er im anregenden politischen Milieu Brüssels, in dem es viele Dissidenten, aber kaum Sozialisten gab, seine revolutionären politischen Lehrjahre fort. In Brüssel verfasste er drei maßgebliche theoretische Arbeiten zu Philosophie, Soziologie und Ökonomie, darunter »Die Deutsche Ideologie.«

Finanziell ging es ihm in diesen Jahren immer schlechter, parallel dazu schlitterte Europa in eine Konjunkturkrise. Marx und Engels beschlossen, mithilfe von »Korrespondenten« ein kommunistisches Netzwerk in ganz Europa aufzubauen, das scheiterte ebenso wie diverse Verlagsprojekte. Marx wurde richtiggehend krank vor Ärger. Weggenossen empfanden ihn als zunehmend diktatorisch, man warf ihm vor, Verbündete zu Gefolgsleuten zu degradieren, jähzornig und herrisch zu agieren. Das Klima unter den politischen Emigranten in der sich herausbildenden kommunistischen Bewegung war oft feindselig und aggressiv, getragen von persönlichen Antipathien, intellektuellen Differenzen, persönlichen Rivalitäten. Die Reizbarkeit wurde sicherlich auch durch die schwierigen persönlichen Lebensumstände in der Emigration gefördert. Die finanzielle Lage der wachsenden Familie Marx wurde immer verzweifelter, es gab deutlich mehr Ausgaben als Einnahmen, man zog in eine ärmlichere Wohnung um. Die politische Bilanz war wenig rosig, wegen interner Kontroversen und persönlicher Unverträglichkeiten kam man nicht voran; aus dem Ausland revolutionäre Ereignisse in Deutschland anzustoßen erwies sich schwieriger als erwartet. All das änderte sich 1847/48 schlagartig, ein revolutionäres Gewitter lag in der Luft, der Status quo in Europa schien durch die schlechte wirtschaftliche Lage unhaltbar.

Der Untertanenstaat Österreich

Was interessierte Revolutionäre wie Karl Marx und Friedrich Engels am österreichischen Untertanenstaat,»jenem Land, das bis zum März 1848 für andere Völker fast ebenso sehr ein Buch mit sieben Siegeln war wie China«? (Werke Band 8) Besaßen sie überhaupt genug Informationen über die österreichischen Verhältnisse, um darauf eine Analyse aufzubauen? Aus österreichischen Zeitungen konnten sie keinerlei brauchbare Informationen beziehen, die Presse des Vormärz war geknebelt. Dann gab es noch einen ganz besonderen »Literaturzweig«: »einige österreichische Literaten, Romanschriftsteller, Literaturkritiker, schlechte Poeten, durchweg recht mäßig begabt, aber mit jener spezifischen Betriebsamkeit ausgestattet, die der jüdischen Rasse zu eigen ist« (Werke Band 8), die sich in Leipzig und anderen deutschen Städten außerhalb Österreichs niedergelassen hatten, außerhalb der Reichweite von Metternichs Zensur, und hier eine Anzahl von Büchern und Flugschriften über die österreichische Frage publizierten. »Ganz Deutschland war begierig, in die Geheimnisse der Politik von Europäisch-China eingeweiht zu werden, und noch neugieriger waren die Österreicher selbst, die die Veröffentlichungen auf dem Weg über den im Großen betriebenen Schmuggel an der böhmischen Grenze erhielten.« (Werke Band 8)

Die Reformpläne, die hier ausgebrütet wurden, waren freilich naiv und von geringer politischer Relevanz. Pressefreiheit galt jedenfalls in Österreich als unerreichbar, ebenso die Zulassung ausländischer Bücher, ohne dass sie von der Zensur geprüft wurden. Doch das Unternehmen, den literarischen Verkehr Österreichs mit dem des übrigen Deutschland zu verhindern, wurde immer sinnloser und trug wesentlich zur Bildung einer regierungsfeindlichen öffentlichen Meinung in Österreich bei. »So wurde gegen Ende des Jahres 1847 Österreich, wenn auch in geringerem Maße, von jener politischen und politisch-religiösen Agitation erfasst, die damals in ganz Deutschland überhandnahm, und wenn sie sich in Österreich auch weniger geräuschvoll entwickelte, so fand sie doch genügend revolutionäre Elemente vor, auf die sie wirken konnte.« (Werke Band 8)

Dennoch besaßen Marx und Engels präzise Informationen über die inneren Verhältnisse Österreichs, Marx verstand es, seine Recherchen über die Sozialstrukturen und das Finanzsystem des Landes meisterhaft für seine Klassenanalyse zu verarbeiten, sodass er seinen Ansatz, die ökonomischen und Herrschaftsverhältnisse mit seinem ideologischen Ansatz ineinandergreifen zu lassen, realisieren konnte. Wem die Antipathien der beiden galten, kam unmissverständlich zum Ausdruck: dem Regime Metternich und dem österreichischen Kaiserhaus. Besonders der zu einer krassen Ausdrucksweise neigende Engels griff hier tief in das ihm unbegrenzt zur Verfügung stehende Schimpfwortreservoir.

»Barbaren aller Sprachen und Nationen«

Seit den 1840er-Jahren waren Marx und Engels davon überzeugt, dass die österreichische Monarchie zerschlagen werden müsse. In den Jahrhunderten zuvor habe Österreich eine Funktion gehabt, nämlich den Südosten des Kontinents zu »zivilisieren« und auf dem Balkan ein Bollwerk gegen die Osmanen aufrechtzuerhalten. Doch das hätte sich historisch erledigt. Für die Machtergreifung des Proletariats erschien den Revolutionären England mit seinen Industriearbeitern das geeignetere Territorium, Frankreich hatte seine große Revolutionstradition seit 1789 und besaß daher ebenso mehr Relevanz, in Deutschland hatte Hegel mit seinem revolutionären Denken die Geister in Bewegung gesetzt. Doch Österreich? Hier, im Zentrum Europas, im Binnenland, seien im Gegensatz zum fortgeschritteneren Westeuropa »die Barbaren aller Sprachen und Nationen unter dem Zepter des Hauses Habsburg« zu Hause, schrieb Engels am 27. Jänner 1848 (»Deutsche-Brüsseler Zeitung«), die »stockende Staatsmaschine«, die »buntscheckige, zusammengeerbte und zusammengestohlene Monarchie, dieser organisierte Wirrwarr von zehn Sprachen und Nationen« werde vom »feigen Gauner und Meuchelmörder Metternich« als Kutscher auf dem Bock noch gelenkt, sei aber gerade im Begriff, auseinanderzufallen: »Der Anfang des Endes in Österreich« war der Artikel betitelt. Ein Wunder, dass sich dieser »Sitz der Barbarei und des Feudalismus« so lange so zäh überhaupt am Leben gehalten habe. Am 27. Jänner 1848 konstatierte Engels, dass Österreich bald »abkratzen« werde. Ein »halb gespenstisches, halb kabarettistisches Licht« (Ernst Hanisch) ist es, in dem der Kaiserstaat Österreich bei Marx und Engels erscheint.

Wie konnte die österreichische »Spießbürgerei« so lange bestehen? Die Geografie trug nach Engels das Ihre dazu bei: Die Gebirgszüge schirmten das Land vor der norddeutschen und italienischen Zivilisation ab, die Donau verbinde es mit Ländern wie Ungarn, in denen noch die kompakte Barbarei zu finden sei.

Dennoch könne sich Österreich nur mühsam gegen die anschwellende Flut der Zivilisation verteidigen, Schritt für Schritt zeichnete sich ab: Die Dämme der Barbarei gegen die Zivilisation würden rissig, unterspült, die Stunde dieses reaktionären Staates habe geschlagen. Getragen werde dieses System allein von der Armee und der Bürokratie, auf sie konnte das Metternich'sche System sich stützen. Ein konservatives Bildungssystem in den Händen des Klerus diente dazu, die Zufuhr neuer Ideen zu blockieren und das bestehende System zu erhalten: »Es ist klar, welch geschmeidiges und zu gleicher Zeit machtvolles Instrument eine solche zivile und militärische Hierarchie in den Händen eines intelligenten, energischen Staatsoberhauptes bilden musste.« (Engels)

Der scheinbar allmächtige österreichische Staatskanzler Klemens Fürst von Metternich (1773-1859), Architekt des biedermeierlichen Repressionssystems in Österreich

Das zumindest mussten auch seine Feinde anerkennen: Metternich, dieses seltsame Amalgam eines Kindes der Aufklärung und des Ancien Régime, war ein nicht zu unterschätzender Gegner. An das Gottesgnadentum des Monarchen glaubte der Mann nicht, religiös war er auch nicht, doch er verehrte die autokratische Ordnung und sah jede Veränderung mit Argwohn. Die Situation in der österreichischen Monarchie schien ihm durchaus beherrschbar: 75 Prozent der Bevölkerung lebten noch von der Landwirtschaft, von hier drohte den Säulen von Thron und Altar keine Gefahr, ein Industrieproletariat, das die Straßen unsicher machte, war noch nicht auf seinem Horizont sichtbar, somit blieben als potenzielle Unruheherde ein kleiner Teil des ungarischen Adels, die stets aufsässigen italienischen Provinzen, unzufriedene Bürger oder Intellektuelle, sie waren ruhigzustellen. Eine überwältigende Mehrheit der Bürger war nach Meinung des

Vormärz-Regimes zufrieden, wollte nur ein angenehmes Leben führen und Lohn für ehrliche Arbeit erwerben. So entstehe nach Ansicht von Marx und Engels die »künstliche Stabilität« hierzulande, indem »die dem Volke erlaubte geistige Nahrung mit der peinlichsten Sorgfalt ausgewählt und ihm so spärlich wie möglich zugeteilt« werde.

Wie pazifiziert man das »Gesindel«?

Die an geografischen Kriterien orientierte Diagnose von Friedrich Engels lag nicht ganz daneben. In der Tat lag die Habsburgermonarchie nicht weit genug im Osten, um vor den neuen umwälzenden Ideen der Liberalisierung und Demokratisierung völlig geschützt zu sein, andererseits lag es doch so weit entfernt, dass sich das politische System, für das Kanzler Metternich stand, eine Weile halten konnte. Ein Zwischenreich, sodass manche doch an der Hoffnung festhielten, es werde nicht alles so schlimm kommen. Napoleon hatte bekanntlich konstatiert, Österreich sei immer ein Stück zurück, um eine Idee, ein Jahr, eine Armee. Nicht alle im Land glaubten, dass dies ein Nachteil wäre. Ludwig van Beethoven, selbst des Revoluzzertums verdächtigt, hatte einst an seinen Freund und Verleger Nikolaus Simrock geschrieben, es gäbe in Wien zwar immer wieder viel revolutionäres Gerede, aber: »Solange der Österreicher noch braun's Bier und Würstel hat, revoltiert er nicht.«

War also Österreich gar nicht »gefährdet«? Im Vormärz-Regime gab es stets die Angst vor »französischen Zuständen«, es galt, so Metternich, »die Manifestationen von Ideen zu verhindern, die den Frieden des Staates, seine guten Interessen und seine gute Ordnung verwirren«. Das richtete sich gegen das liberale Bürgertum, die andere Front war das »Gesindel, das mit der Fabrik in die Stadt kommt«, vor dem schon Josephs II. Innenminister Pergen gewarnt hatte. Obwohl man sich also Sorgen vor dem aufbegehrenden Volk machte, begegnete man dem Pauperismus mit Desinteresse und Verständnislosigkeit, sozialpolitische Maßnahmen blieben aus. Das Spitzelwesen und die Vereins- und Pressebeschränkungen dienten dazu, jeden Versuch politischer und sozialer Selbsthilfe von Arbeitern und Handwerksgesellen im Keim zu ersticken und zu kriminalisieren. Gleichzeitig galt die Repression auch den bürgerlichen Gruppen und Vereinigungen. Als weitere Ordnungsinstanz wurde die katholische Kirche eingesetzt.

Die antifeudalen Kräfte ruhigzustellen beziehungsweise zu pazifizieren war die »Leistung« des antiliberalen und repressiven Metternich'schen Systems, gleichzeitig trug es damit maßgeblich zu den Spannungen von 1848/49 bei. Das vormärzliche Regime stützte sich dabei auf einen gut ausgebildeten polizeilichen und verwaltungstechnischen Unterdrückungsapparat – eine Politik, die in der »Ruhighaltung der gefährlichen Classe« der Armen ihren letzten ordnungspolitischen Zweck fand. Doch was Österreich gefährdete, war der Nationalismus, durch ihn konnte das reformresistente Vielvölkerreich in ernsthafte Gefahr geraten. Der »Tschechismus« der Böhmen etwa, meinte Metternich, sei wie ein Bohnensalat in Cholerazeiten, aus einer ansonsten harmlosen Sache könnten sich gefährliche Keime entwickeln. Explosiv war die Mischung aus revolutionären und romantischen Ideen bei den Polen im Königreich Galizien und Lodomerien. Dann erst das Königreich Ungarn mit seinen radikalen Kräften wie dem Landjunker Lajos Kossuth, die alles Bestehende einreißen und einen ungarischen Nationalstaat errichten wollten. Wenn Ungarn für Metternich die »Vorhölle der Revolution« war, dann war das Lombardo-Venetianische Königreich die »Hölle der Revolution«. Hier wurde man der antihabsburgischen Agitation kaum mehr Herr. Zu allem Überfluss stand an der Spitze der Kirche mit Pius IX. seit 1846 noch ein liberaler Papst: »Das ist das Unerhörteste, was man sich denken kann!« (Metternich)

Im Vormärz-Regime herrschte Angst. »Die Revolution, eine Revolution der übelsten Sorte, hat triumphiert«, klagte Metternich, als er im Sommer 1830 die Nachricht von der Julirevolution in Frankreich erhielt. Und mit der bei ihm immer wieder ausbrechenden Verzagtheit setzte er fort: »Mein innerstes Gefühl sagt mir, dass wir beim Anfang vom Ende des alten Europa angelangt sind.« Ein Volksaufstand drohte die von ihm konstruierte europäische Lösung in wenigen Tagen zur Makulatur werden zu lassen. Binnen eines Monats sollen dem österreichischen Polizeiminister Josef von Sedlnitzky graue Haare gewachsen sein. Es kursierte die Theorie einer universellen Verschwörung, als Belgien, Polen, Italien und einige deutsche Länder sich von den Aufständen aufgestachelt zeigten. Doch bei keinem der Aufstände ging es um den Sturz eines Throns und eine revolutionäre Umgestaltung der Gesellschaft, sie waren alle Reaktionen auf Missstände, Unterdrückung, Korruption und soziales Elend. Die preußische Regierung erkannte das sehr rasch, als sie sich weigerte, Truppen einzusetzen, die Soldaten würden in der Konfrontation mit armen, verzweifelten Menschen kaum zu motivieren sein oder noch schlimmer: vom Aufstandsvirus angesteckt werden.

Ein Wald aus Bajonetten

Als Deutschland von einer Flut politischer Flugschriften aufgepeitscht wurde, sah Metternich die Revolution mit »Siebenmeilenstiefeln« herankommen, die Ansicht in Berlin, dass es keine echte revolutionäre Bedrohung gäbe, sah er als »abscheulichen Unfug.« Denn: »Alles ist miteinander verwoben und lässt sich als Versuch einer europäischen Revolution identifizieren«, schrieb er Anfang Juli 1832. Szenen wie jene in Hambach am 27. Mai 1832 seien noch keine Revolution, aber deren unmittelbare Vorläufer. Bei einem Volksfest in der kleinen rheinpfälzischen Stadt Hambach war es zu Kundgebungen junger deutschnationaler Studenten gekommen, man sang Arien aus Rossini-Opern und die Marseillaise. Pathetische Reden wurden gehalten, über Tyrannensturz, die Befreiung der Nationen und die Gründung eines »Gemeinsamen Deutschen Vaterlands« und einer »Konföderierten Republik europäischer Staaten«. Skandalöse Szenen, so Metternich. Aber er hatte es schon immer gewusst: Von der Kloake Paris könne sich nur Dreck ins restliche Europa ergießen, das habe die Revolution von 1830 bewiesen.

Die Teilnehmer dieser oft dilettantisch geplanten und kläglich ausgeführten nationalen Aktionen hätten sich wohl verwundert gezeigt, wenn sie gelesen hätten, wie ernst der Wiener Staatskanzler ihre Unternehmen nahm. Was ihm etwa der liberal denkende österreichische Innenminister Graf Franz Anton von Kolowrat schrieb, war für ihn ein Ärgernis. »Ihre Methode ist ein Wald aus Bajonetten und eine starre Aufrechterhaltung von allem, was existiert. Meiner Meinung nach ist das der beste Weg, eine Revolution herbeizuführen«, hieß es in dem Schreiben. Metternichs Weigerung, der österreichischen Mittelschicht eine politische Beteiligung zu verweigern, werde sie früher oder später dazu bringen, sich mit den unzufriedenen Massen zu verbünden und das Regime zu stürzen. Der einzige Weg, der Österreich retten könne, so Kolowrat, sei, die Mittelschicht zu beteiligen, alles andere würde sie in die Arme der Revolution treiben und früher oder später in die Katastrophe führen. Von nun an verkehrte Metternich nur noch schriftlich mit Kolowrat, es war ihm sogar nicht zu peinlich, das Gerücht zu verbreiten, das Gehirn seines Gegenübers habe durch ein Hämorrhoidenleiden Schaden genommen.

Viele in Deutschland sahen die Lage ebenfalls so wie Kolowrat; Metternich und Österreich verloren daher an Einfluss, man wollte sich ihnen nicht mehr beugen, sie stünden »quer zur Zeit«. Das Scheitern der verschiedenen Revolutionen führte dann zu einer wachsenden Anzahl von politischen Emigranten, die meisten von ihnen gingen nach Frankreich oder England, viele unter ihnen waren Künstler, Drucker oder Akademiker, für Metternich waren diese Leute, wie etwa der Dichter Heinrich Heine, maßgeschneiderte Spione. Seine Politik bekam immer mehr Züge einer Belagerungsmentalität. Kaiser Franz I. starb 1835, sein Nachfolger

Ferdinand zeigte sich wenig regierungstüchtig, sodass Metternich die Außen- und Sicherheitspolitik dominierte.

Keiner wird mehr den Hut ziehen vor Metternich

Wer sollte nach Ansicht von Marx und Engels Träger der Revolution in Österreich sein? Durch ihre stärker beharrenden Tendenzen unterschied sich die Habsburgermonarchie von Preußen, das durch die Stein-Hardenberg'schen Wirtschaftsreformen hindurchgegangen war, aber auch von den Rheinländern, die vom französischen Zentralismus liberal geformt worden waren. Der relativ geringe Industrialisierungsstand in Österreich bedeutete natürlich auch für die Bildung einer Arbeiterklasse ein retardierendes Moment. Die Monarchie war im Vormärz und auch noch nach 1848 weitgehend ein Agrarland, wo sich die feudalen Abhängigkeiten zäh hielten. Verlor der Grundherr Rechte, trat an deren Stelle der obrigkeitsstaatliche Zugriff (Steuern, Militärdienst) auf die bäuerliche Bevölkerung. Die alten Herrschaftsverhältnisse waren noch nicht ganz überwunden, schon traten neue Abhängigkeiten in Kraft.

Marx und Engels betrachteten ländliche Regionen stets als »barbarisch«, für sie standen Gegenden wie das Rheinland mit wachsenden Städten und Industrien, Handel und Fortschritt im Mittelpunkt des Interesses. Hier konnten sich die beiden Klassen entwickeln, die die Hauptkräfte hinter der Revolution sein sollten. In der von ihnen geplanten historischen Abfolge der Revolution kam der Mittelstand/die Bourgeoisie zuerst, der industrielle Fortschritt ließ dann noch eine zweite Klasse entstehen, die Fabrikarbeiter oder das Proletariat, die Sturmbataillone der zukünftigen kommunistischen Revolution. Österreich mit seiner machtlosen Bourgeoisie und seinem noch unentwickelten Proletariat war dafür nicht der ideale Schauplatz. Auf dem Land lebte hier ihrer Analyse nach die »niedergetretene Klasse von Leibeigenen« lethargisch unter der Herrschaft der großfeudalen Grundherren.

Richtig ist: Die Situation dieser Bauern (Leibeigene waren sie im rechtlichen Sinne nicht) war nicht mehr haltbar, kam früher oder später die unvermeidliche völlige Bauernbefreiung, zerfiel auch die Macht des Feudaladels.

Hinter dem Adel, dessen dominierender Einfluss auf die Staatsgeschäfte durch die hohen Stellen in Heer und Verwaltung abgesichert war, stellte sich eine neue Schicht an: Bankiers, Großkaufleute, erste Fabrikanten, Manufakturbesitzer, ein Finanz-, Kommerz- und Industriebürgertum – die »zweite Gesellschaft«: mit ihr verwoben die Trägerschicht der Biedermeierkultur, eine bürgerliche Mittelschicht, die unter steuerlichen Repressionen litt und der die Teilnahme an der politischen Macht verwehrt war. Nach Ansicht der Revolutionstheoretiker Marx und Engels sei zunächst einmal mit einem Sieg dieser Schicht zu rechnen, bald werde die Zeit kommen, da die Kleidermacher und Gewürzkrämer im Prater nicht mehr den Hut vor Metternich ziehen, sondern ihn kurzweg »Herr Metternich« nennen würden: »Wir sehen dem Sieg der Bourgeois über das österreichische Kaisertum mit wahrem Vergnügen entgegen. Wir wünschen nur, dass es recht gemeine, recht schmutzige, recht jüdische Bourgeois sein mögen, die dies altehrwürdige Reich ankaufen. Solch eine widerliche, stockprügelnde, väterliche, lausige Regierung verdient, einem recht lausigen, weichselzöpfigen, stinkenden Gegner zu unterliegen.« (»Weichselzöpfig« ist eine Anspielung auf verfilztes Kopfhaar, das durch unsaubere Kopfhaut, Läuse und Ekzeme entstand.)

Doch was diese liberale Bourgeoisie wollte, war die konstitutionelle Monarchie mit einer parlamentarischen Regierung und Garantien für die persönliche Freiheit, für Marx spätestens ab Mitte der 1840er-Jahre ein »durch und durch sich widersprechendes und aufhebendes Zwitterding«, ein Bastard, der wegen seiner inneren Widersprüche todgeweiht war. Diese politischen Formen und Ideale des liberalen Mittelstands standen für Marx kurz vor der Zerstörung, als er begann, die Arbeiterklasse als revolutionäre Kraft zu entdecken. Anders als in den bürgerlichen Staaten Frankreich oder England sei die deutsche (und auch die österreichische) Bourgeoisie zu schwach für die Veränderung der politischen Verhältnisse.

»Elend durchquert Europa in grässlicher Gestalt«

Die Hoffnung auf einen Umsturz auch im rückschrittlichen Österreich wurde bei Marx und Engels genährt durch die Analyse der Lage in Europa. Die drei Jahrzehnte des steigenden Lebensstandards nach dem Wiener Kongress von 1815 waren vorbei. Die stark wachsende Bevölkerung sah sich gewaltigen wirtschaftlichen Umstrukturierungen gegenüber, Zunftschranken begannen sich aufzulösen, auch andere schützende Restriktionen gingen verloren, die Industrialisierung machte sich auf den Marsch. Ärmere und unausgebildete Schichten sahen sich der Auflösung der vorkapitalistischen Arbeits- und Produktionsstrukturen gänzlich hilflos gegenüber, sie begannen zu migrieren, ohne auf die Realitäten ihrer neuen Heimat, meist rapide wachsende Großstädte, vorbereitet zu sein. Die landwirtschaftlichen Krisen zu Beginn der 1840er-Jahre führten in vielen Gegenden zu Elend und Hungerkrawallen; Missernten, Kartoffelfäule und ein Mangel an Grundnahrungsmitteln machten Europas Bevölkerung zu schaffen.

Die Krise im Sommer 1847 in Deutschland war katastrophal, die Menschen konnten sich wegen der enormen Preissteigerungen Lebensmittel wie Kartoffeln nicht mehr leisten. In Berlin wurden gegen hungernde Arbeiterfrauen, die auf der Straße Krawalle inszenierten, berittene Soldaten eingesetzt. Auch Österreich war von der Wirtschaftskrise betroffen, ähnlich wie Preußen befand es sich in einer fiskalpolitischen Sackgasse. Ein Drittel der Staatseinnahmen ging für den Schuldendienst drauf, das Militär verschlang Unsummen, eine ineffektive Bürokratie von 140 000 Beamten, darunter ein aufgeblähter Polizeiapparat, verwaltete

Die Not in den 1840er-Jahren trifft breite Bevölkerungsschichten
(»Die Pfändung« von Georg Ferdinand Waldmüller 1847).

das Land schlecht. »Geistiges und körperliches Elend durchquert Europa in grässlicher Gestalt – das eine ohne Gott, das andere ohne Brot. Wehe, wenn sie einander die Hände reichen!«, schrieb der preußische Gesandte Graf Galen im Jänner 1847.

Gut war die »Backhendlzeit« des Wiener Biedermeier nur für eine Minderheit der Bevölkerung, für die Creme der Gesellschaft, den Adel, das aus Ärzten, Advokaten, Professoren, Schriftstellern und gehobenen Beamten bestehende Bildungsbürgertum, das man als die Trägerschicht der Biedermeierkultur kennt. Darunter gab es eine politisch völlig apathische Gesellschaftsschicht: Handwerksmeister, Händler, Vertreter der Geistlichkeit und des Lehrerstandes schätzten ihre spießbürgerliche Enge und huldigten dem Prinzip Ruhe und Ordnung und dem »es soll nicht schlimmer werden«. Hier herrschten Fortschrittsfeindlichkeit und Untertanengeist, nicht zuletzt aus der Angst davor, dass ihre ökonomische Basis durch die neuen Entwicklungen in Industrie und Großhandel unterhöhlt zu werden drohte. Dass das Kaiserhaus in der Revolution von 1848 vom Wiener Kleinbürgertum am wenigsten bedroht wurde, erklärt sich zu einem großen Teil daraus. Man hatte eben von oben einiges getan, um den Handwerkern trotz der zunehmenden Industrialisierung nicht die Ruhe zu rauben.

Wohlhabend war überhaupt nur ein Zehntel der Bevölkerung. Die Kräfte für einen Wandel hatten sich bis jetzt vor allem aus den aufstrebenden Klassen rekrutiert, den Anwälten, Unternehmern, Kaufleuten. Sie gehörten zur besitzenden Schicht und dachten daher nicht radikal, sie hatten liberale und konstitutionelle Neigungen, stellten eine »schaumgebremste« Opposition zum bestehenden System dar und waren weit davon entfernt, antimonarchisch zu sein. Oft war ja ihre gesellschaftliche Position untrennbar mit der Existenz der Monarchie verbunden. Meist wollten sie nur ein weniger restriktives bürokratisches Umfeld und niedrigere Steuern.

Das Erwachen des Proletariats

Hatte sich die Oberschicht bisher für die Anliegen der untersten Klassen wenig interessiert, begann sich das mit der Finanz- und Wirtschaftskrise der 1840er-Jahre zu ändern. Es gab Anzeichen dafür, dass das »ungebildete Proletariat« aus seiner Lethargie erwachte. Bekanntlich erreichte die industrielle Revolution die österreichischen Länder spät, industrielle Enklaven bildeten sich in dem agrarisch geprägten Gebiet erst in den 1830er-Jahren heraus. Die Hauptzentren des industriellen Entwicklungsprozesses waren neben der Residenzstadt Wien die Böhmischen Länder, die Alpenländer sowie die oberitalienischen Gebiete. Neben dem Bergbau und der Hüttenindustrie in der Steiermark, in Oberösterreich, Kärnten und Krain war die Textilindustrie in Wien und Vorarlberg ein wichtiger Industriezweig. Das Gewerbe in Wien war noch weitgehend den traditionellen Produktionsformen des Handwerks und der Luxuswarenmanufaktur verhaftet. Seidenverarbeitung war wegen der hohen Nachfrage durch den Kaiserhof und die Adelshäuser ein dominierender Produktionszweig. Die entwickeltste Form der kapitalistischen Produktion, die

Fabrik, war in Wien noch die Ausnahme. Betriebe wurden aus der Stadt auf das flache Land oder in die Peripherie der Stadt verlagert, sobald sie eine bestimmte Größe überschritten. Die Lebenshaltungskosten für Arbeiter und damit das Lohnniveau waren auf dem flachen Land niedriger als in der Hauptstadt, Wasserkraft konnte besser eingesetzt werden. Nur langsam fanden mit dem Maschinenbau und einigen technisch anspruchsvollen Gewerben neue Leitindustrien Eingang in die Wiener Wirtschaft.

Ganz geringschätzen sollte man jedoch die wirtschaftliche Entwicklung in der Zeit der politischen Stagnation des Vormärz nicht. Es waren die Jahrzehnte, in denen die wirtschaftlichen Voraussetzungen für die kapitalistische Ökonomie nach der Jahrhundertmitte geschaffen wurden. 1848 wurde die Grundherrschaft aufgehoben, die Organisation von Handel und Industrie wurde einem neu geschaffenen Handelsministerium übertragen, es folgte eine Zollunion zwischen Ungarn und Österreich, die endgültige Abschaffung der Zünfte, eine liberale Gewerbeordnung. Mit dem Eisenbahnkonzessionsgesetz von 1854 wurde der Startschuss für die Ausgestaltung des Verkehrssystems gesetzt, nach 1850 entstanden potente Aktienbanken.

Die Ausbreitung des Fabriksystems führte auch zur Nachfrage nach Arbeitskräften und in der Folge zu Änderungen in der Sozialstruktur der Bevölkerung. Es kamen jene nach Wien, die auf dem Land ihre Lebensgrundlage verloren hatten. Ihre Hoffnung: in einer Fabrik oder Manufaktur Beschäftigung zu finden, trotz der hohen Lebenshaltungskosten und der extrem schlechten Wohn- und Ernährungssituation in der rapide wachsenden Hauptstadt. Die erste große Einwanderungswelle kam 1836 mit dem Baubeginn der Kaiser-Ferdinand-Nordbahn, die zweite infolge der böhmischen Arbeiterunruhen 1843 bis 1846. Gesindeproletariat, das aus der Landwirtschaft oder sterbenden ländlichen Gewerbebetrieben abwanderte, gescheiterte Bauern, Zunftgesellen; dazu kamen nicht in den Arbeitsprozess eingegliederte Vagabunden, Bettler, Arbeitsunfähige. Das Fabriksproletariat fiel noch wenig ins Gewicht, zahlenmäßig am bedeutendsten unter diesen neuen »arbeitenden Classen« waren deklassierte Handwerksgesellen und Manufakturarbeiter, Kleinbürger und Kleinhändler, angelernte Gelegenheitsarbeiter und Tagelöhner, unqualifizierte Arbeitskräfte, darunter Frauen und Kinder. Dann das breite Wiener »Subsistenzgewerbe« – Musikanten, Gaukler, Hausierer, Kutscher, Wäscherinnen –, dessen Einkommen stets am Existenzminimum lag. Sie kamen besitzlos an und blieben oft ohne Beschäftigung. Entweder wurden sie abgeschoben oder ließen sich in den Vororten Wiens nieder, die zunehmend verslumten. Die Folge war Frauen- und Kinderarbeit, Arbeits- und Obdachlosigkeit, Hungersnot, Prostitution, Kriminalität.

70 Prozent besitzlos

Das Eigentümliche dieser frühindustriellen Massenarmut bestand nicht so sehr darin, dass sie im Verhältnis zum Leben auf dem Land gravierender war, sondern darin, dass sie durch die ständische Ordnung verschleiert worden war und nun durch die dicht gedrängte städtische Bevölkerung plötzlich ins Maßlose gewachsen zu sein schien. Im Revolutionsjahr gehörten 70 Prozent der Bevölkerung Wiens inklusive der Vororte zu den besitzlosen Schichten. Die frühindustrielle Massenarmut und zunehmende Verelendung immer breiterer Kreise ging nicht spurlos am Wiener Bürgertum der Mitte des 19. Jahrhunderts vorbei. Spätestens seit den 1840er-Jahren konnte man in diesen Kreisen und bei der Obrigkeit die sozialen Missstände nicht mehr ignorieren, zumal die Armut in der Stadt zu einem Sicherheitsproblem geworden war. Als gefährlich wurde Armut empfunden, weil häufig Seuchen und Epidemien wie die Cholera ihren Ausgang in den Armen- und Elendsvierteln der Stadt nahmen, aber auch weil die Kleinkriminalität in den Straßen der Stadt zunahm. Das merkte man an Holzdiebstählen, Steuervergehen, Schmuggel, Prostitution und Raub, handgreiflicher Auflehnung, Maschinensturm, tätlichen Angriffen auf Beamte. Zu offensichtlich und erdrückend trat die Schattenseite der Zeit in den Vordergrund.

»Physisch schwach, geistig verwahrlost, sittlich entartet, in Armut versunken, bilden die Menschen der Arbeit einen dunklen Hintergrund in dem glänzenden Gemälde der Errungenschaft unserer Zeit, der nicht minder die Besorgnis als das Mitleid des Menschenfreundes erregen muss, und nur die Selbstsucht ungerührt lässt«, konnte man 1847 im Artikel »Verhältnisse der handarbeitenden Bevölkerung Wiens« lesen. Typisch für diese Art von Sozialpublizistik war nicht der Wunsch, den Wurzeln des Elends auf den Grund zu gehen, sondern die wehmütige Klage: Was wurde aus unserem schönen Wien? »Es hat vielleicht noch nie in Wien eine so gedrückte Stimmung gegeben, eine so allgemeine Klage geherrscht, als eben jetzt ... Es gab nun freilich früher auch viel Elend in Wien, aber es verbarg sich, es zog sich zurück und man war auch im Stande es zurückzuhalten, dass es nicht bis auf den offenen Markt, in die glänzendsten Straßen vordringe.« (Zeitschrift »Die Grenzboten, 1847).

Es entstand die lohnabhängige Arbeiterschaft und mit ihr die soziale Frage. Zunehmend wurden die pauperisierten Massen als Bedrohung empfunden, die Auflösung der vormodernen gesellschaftlichen Strukturen löste beim Bürgertum Besorgnis aus, der Ruf nach polizeilicher Disziplinierung wurde laut. Die neue Armut in einer immer reicher werdenden Gesellschaft von Adelselite, Finanz- und Industriebürgertum hatte ihre Ursache: Sie war keine unliebsame Begleiterscheinung des industriellen Fortschritts, sie war eine wesentliche Voraussetzung dafür. »Akkumulation von Reichtum auf dem einen Pol ist zugleich Akkumulation von Elend, Arbeitsqual, Sklaverei, Unwissenheit, Brutalisierung und moralischer Degradation auf dem Gegenpol«, schreibt Karl Marx im »Kapital«. Diesen Zusammenhang zu erkennen war dem bürgerlichen Philanthropismus der Biedermeierschriften fern, er hob eher zur moralischen Verurteilung der Armen an: »In der rohesten Klasse der Gesellschaft nimmt die Genusssucht

Typische Vertreter des im Vormärz neu entstehenden Proletariats: eine Arbeiterin am Bau und ein männliches Pendant, ein sogenannter »Holzscheiber« (Darstellungen von 1847)

die gröbste, widerwärtigste Form an. Die Freude am Nichtstun, am lustigen ungebundenen Leben, die Scheu vor jeder ernsten angreifenden Beschäftigung, ... dies zusammen führt derzeit zur Depravation des niederen Volkes«, das dem »Dirnentum«, der »Trunksucht«, dem »Lottofieber« und der »Lasterhaftigkeit« verfalle. Ein Großteil des Wiener Bürgertums begann, sich von der Klasse des »Pöbels« zu distanzieren, und rief nach Stärkung der Polizeigewalt und juristischer Kontrolle der Arbeiter, die nie mit den traditionellen bürgerlichen Tugenden in Kontakt gekommen wären, sondern ein »genusssüchtiges«, »kriminelles« und »lasterhaftes« Leben führten.

Der Sog der Großstadt

Statistiken und genaues Zahlenmaterial zur Gruppe der Arbeiter zu finden ist kaum möglich. Ein Teil der Arbeiterschaft war hausrechtlich gebunden, war also Teil des Haushalts seines Dienstgebers, man sprach von »Gesinde«. Ein Teil bestand aus Arbeitern, für die der eigene Haushalt zugleich Produktionsstätte war, sie führten eine »hausindustrielle Produktion«. Der dritte Teil waren die Fabriksarbeiter, industrielle Lohnarbeiter, die meistens in erbärmlichen Wohnsituationen lebten und täglich den Weg zur Fabrik zurücklegten. Folgt man den Wien-Historikern Peter Csendes und Ferdinand Opll, ist davon auszugehen, dass bereits 1790 etwa 15 000 »Fabriksarbeiter«, also Hilfskräfte im außerzünftigen Gewerbe, in Wien ansässig waren, viele von ihnen arbeiteten in der Textilindustrie, noch war die Seidenfabrikation ein wichtiger Wirtschaftsfaktor.

Die Lebens- und Arbeitsbedingungen der lohnabhängigen Arbeiter waren schlecht, die Wohnungen elend, die Ausbeutung am Arbeitsplatz erdrückend, Aufstiegschancen gab es keine. Daran hat sich im Vormärz nichts verbessert: Ein Fabrikarbeiter verdiente in Wien am Tag 30 bis 60 Kreuzer (maximal ein Gulden). Der Sog, den die werdende Großstadt Wien auf die umliegenden Gebiete ausübte, war denkbar groß. Jedes Jahr kamen aus den ländlichen Gebieten Massen von armen und ungelernten Lohnarbeitern aus den agrarischen Unterschichten in die städtischen Zentren, 1830 waren es allein für Wien 6000. Die Struktur dieser Migration änderte sich radikal: Zuvor waren vor allem Dienstboten und Saisonarbeiter gekommen, mit der Industrialisierung wanderten ungelernte Arbeiter nach Wien zu, die vorhatten, hierzubleiben. Waren vorher vor allem Zuwanderer aus den deutschsprachigen Gebieten der Monarchie gekommen, setzte nun die Migration aus Böhmen und Mähren ein. Der Migrantenanteil an der Wiener Bevölkerung stieg von 9,5 Prozent im Jahr 1820 auf 30,5 Prozent 1830, 43 Prozent im Jahr 1840 und auf 44 Prozent im Jahr 1856.

Es war nicht lange her, dass man im merkantilistischen Wirtschaftssystem diese Art von Bevölkerungswachstum als Ressource für allgemeinen Reichtum zu erkennen glaubte, das änderte sich nun. Es setzte sich die Ansicht durch, dass die »Erzeugung des Pöbels« (Hegel) die Gesellschaft verarmen ließe und zu sozialen Spannungen führen würde. Der Pauperismus wurde zum Schreckgespenst des Biedermeierzeitalters. Die allgemeine Angst:

Die Industrialisierung könne mit der rapide wachsenden Bevölkerung nicht Schritt halten.

Angst vor der Politisierung der Arbeiter

1841 drangen beunruhigende Nachrichten aus Paris auch nach Wien. Der »Oesterreichische Beobachter« meldete am 21. September 1841, dass sich »bedeutende Unordnungen, welche den Charakter eines wahren Aufruhrs tragen«, ereignet hätten. »Seit einigen Tagen mischen sich Leute, die dafür bekannt sind, zu verschiedenen geheimen Associationen, und insbesondere zu den communistischen Gesellschaften zu gehören, unter die Gruppen von Arbeitern ... Diese Individuen ließen mehr oder minder heftige Äußerungen gegen die Regierung des Königs und zugunsten eines politischen Systems vernehmen, das republikanische und communistische Lehren zur Grundlage haben würde.«

Die Aufrührer zogen die Marseillaise singend mit roten Fahnen (die Stoffe hatten sie aus den Modewarenläden geraubt) durch die Straßen und wünschten den König zum Teufel. Kurz zuvor war auf Henri, einen Sohn des »Bürgerkönigs« Louis Philippe, ein Attentat verübt worden, vorbeifahrende Kutschen wurden von den Arbeitern mit Geschrei und Pfeifen empfangen. Schriften, die dazu aufriefen, »das gesellschaftliche Gebäude von Grund auf zu demolieren«, und sich auf den Anarchisten Babeuf beriefen, wurden beschlagnahmt. Allzu oft beschäftigten die kommunistischen Umtriebe in Frankreich und in der Schweiz die österreichischen Zeitungen nicht, doch am 21. Juli 1845 schrieb wiederum der »Oesterreichische Beobachter«: »Was der Communismus im Allgemeinen will, weiß Jedermann bereits«, und er warnte vor den »unleugbar mit viel Talent geschriebenen rein communistischen Zeitungen«.

Die Angst vor einer Politisierung der Arbeiterschaft wuchs auch in den Habsburgerländern, als sich die latente Unruhe in Gewaltausbrüchen entlud. So gab es 1841 wegen der Entlassung

Die Angst vor Arbeiteraufständen war allgegenwärtig: Darstellung des Sturms auf das Backhaus in Breslau (1846)

eines Arbeiters einen Streik von 350 Arbeitern in einer vorarlbergischen Baumwollspinnerei, in Kennelbach. In einem Flugblatt in Wien konnte man 1842 lesen, dass die Lebensmittel ungerecht verteilt würden, die Armen kämen immer zu kurz. Hoffnung für die Revolution gaben die Aufstände böhmischer und schlesischer Arbeiter, die sich zunächst gegen die Montage von neuen Maschinen in den Fabriken wandten.

Marx und Engels sahen in dieser Entwicklung den Beginn der aktiven Entwicklung der Arbeiterklasse in der Habsburgermonarchie. Am 2. Juli 1844 wurde im böhmischen Reichenberg eine mechanisch betriebene Spinnmaschine mit 240 statt der gewohnten 60 Spindeln an die Fabrik Ginzel geliefert. Am Tag danach zerstörten etwa 200 Arbeiter die Spinnmaschine und warfen die Überreste aus dem Fenster. Auf die gleiche Weise wurden in drei anderen Fabriken Textilmaschinen zerstört. Das Militär besetzte daraufhin alle Fabriken in Reichenberg und Umgebung, 61 Arbeiter wurden zu Gefängnisstrafen von bis zu fünf Monaten verurteilt. Im Juli

1844 konnte die Demolierung einer neuen Spinnmaschine im böhmischen Jungbuch in letzter Minute verhindert werden: Der Unternehmer versprach eine Erhöhung der Löhne.

Zeichen der Auflösung im stabilen Österreich

Auch in der Textilindustrie nahm die Zahl der gewaltsamen Protestkundgebungen zu, Fensterscheiben in den Fabriken wurden eingeworfen, moderne Wollkrempelmaschinen zerstört, unter den Demonstranten waren auch zahlreiche Frauen und Kinder. Viele mussten sich wegen Plünderung, Rebellion und versuchter Zerstörung von Maschinen vor Gericht verantworten. Am berühmtesten wurde der Aufstand der schlesischen Weber, der durch Gerhart Hauptmann in die Literaturgeschichte einging: Am 4. Juni 1844 drang eine Gruppe von Webern, Heimgewerbetreibende, in das Haus des Baumwollfabrikanten Zwanziger in Langenbielau ein und zerstörten es. Rechnungen und Bürounterlagen, auch Schuldscheine, wurden vernichtet. 1846 gab es im Wiener Zwangsarbeitshaus eine Erhebung der eingekerkerten Arbeiter, sie forderten niedrigere Brotpreise und zerschlugen die Webstühle. Bäcker und Kaufleute in Wien wurden malträtiert.

Ab Mitte der 1840er-Jahre fanden sich Arbeitslose zu Kleingruppen zusammen, um gemeinsam – und sei es mit Gewalt – ihre Lebensgrundlage zu finden. Manche Gemeindekasse wurde einfach geplündert. Die Not der Bevölkerung war so groß geworden, dass sich ein Lumpenproletariat entwickelte. Die private Wohltätigkeit war in dieser Situation völlig überfordert. Zeichen der Auflösung in Österreich, dem Bollwerk der Reaktion und der Stabilität! Im erfolgreichsten Theaterstück des Jahres 1847 in Wien ging es um einen alten, treuen Diener, der keine nützliche Funktion mehr erfüllte. Jeder Theaterbesucher wusste, dass mit dem Diener Metternich gemeint war.

Aufstände wie die beschriebenen wurden von Marx und Engels befriedigt zur Kenntnis genommen, doch dass sie im Vormärz irgendwelche Kontakte zur Arbeiterschaft in der Habsburgermonarchie aufgenommen hätten, ist nicht denkbar. Man hoffte nur, dass es hier über kurz oder lang ähnliche Verhältnisse wie im englischen Proletariat geben würde. Dass sich das Wiener Proletariat 1848 ungleich kräftiger rühren würde als in manch anderer Hauptstadt, wurde von ihnen nicht vorhergesehen.

II.

»Trommelschlag mit Gewehr«
MARX UND DIE WIENER REVOLUTION

1848 lag definitiv etwas Neues in der Luft. »Spüren Sie nicht – wie soll ich sagen? – einen revolutionären Luftzug?«, fragte Alexis de Tocqueville seine Abgeordnetenkollegen in Paris. »Ich weiß nicht, wo dieser Wind entstand oder wo er herkommt, noch, glauben Sie mir, wen er wegfegen wird ...«

Die Empörung über die Einmischung des Staates ins Privatleben, über Steuerbelastung und regulierende Bürokratie, Polizeiwillkür und Zensur trat überall in Europa auf. Es kam zu einer anschwellenden Woge politischer Aktivität, von Paris bis zum Kirchenstaat, von Berlin bis in die Schweiz, damals ein politisch gärendes, unruhiges Land. Wo es bereits eine konstitutionelle Monarchie gab, wurde sie kritisiert, wo es sie noch nicht gab, wurde sie verlangt. Studenten und Intellektuelle waren der geistigen und kulturellen Langeweile, die die bestehenden Regime verströmten, leid und wollten die Bevormundung abschütteln. Dazu kam der Unwille der unteren Klassen über die Wohnungsnot in den großen Städten und die steigenden Wohnkosten, über den Lebensmittelmangel und das Hungerleiden. Die Lebensmittelkrise hatte mit der europäischen Missernte von 1846 begonnen, ein Jahr zuvor grassierte die Kartoffelfäule. Eine internationale Kreditkrise, als Folge von Überspekulationen im Eisenbahnbau, erhöhte die Arbeitslosigkeit, es kam zu Entlassungen im Bergbau, in der Stahl-, Metall- und Textilindustrie. In Paris lebten etwa 25 Prozent der Bevölkerung in verkommenen Elendsvierteln, der durchschnittliche Anstieg von Preisen der Grundnahrungsmittel in Deutschland lag bei 100 Prozent. Die Aufhebung der protektionistischen »Korngesetze« (»Corn Laws«) 1846 in England löste einen internationalen Bieterkrieg um schrumpfende Getreidevorräte aus. Die bestehende politische und soziale Ordnung wurde allgemein als pharisäerhaft und korrupt angesehen.

Es gibt unzählige historische Quellen, die das allgemeine Elend beschreiben, Karl Marx und Friedrich Engels hoben sich davon ab. Von ihnen gibt es vergleichsweise wenige Texte, die sich mit dem Massenelend, der Tragödie von Millionen, beschäftigten. Die Kartoffelmisere wurde bei Engels erwähnt, doch er und Marx unterließen es, die Behörden zu kritisieren, weil sie zu wenig gegen die Misere unternahmen. Was war der Grund? Wollten sie es vermeiden, zu suggerieren, dass eine effizient arbeitende Verwaltung innerhalb des bestehenden Systems in der Lage sein könnte, die Probleme zu lösen, wenn sie nur das Richtige machte? Rechneten sie nicht damit, dass das Hungerelend imstande sein könnte, die Revolution herbeizuführen? Sie hatten mehr Interesse daran, beginnende revolutionäre Bewegungen zu fördern und ihre Ideen zu verbreiten.

Die Erwartung, dass »Sturmböen« die Situation in diesem Jahr bereinigen mussten, war groß. Am 27. Januar 1848 sagte Friedrich Engels voll Optimismus den »Anfang des Endes in Österreich«, dem Land der »kompakten Barbarei«, voraus. Es war unübersehbar, dass der Wandel von der Agrargesellschaft zur bürgerlichen Industriegesellschaft eine Neuordnung der sozialen Strukturen verlangte. Was es auf dem Kontinent aber noch nicht gab, waren Gewerkschaften oder Arbeiterparteien. Wenn in Gesellenverbänden soziale Fragen diskutiert wurden, hatte das keinerlei Auswirkungen auf das gerade entstehende industrielle Proletariat. Eines wurde aber in den »Hungry Fourties« immer deutlicher: Wenn die Arbeiter auf ihre Not in der Öffentlichkeit aufmerksam machen wollten, mussten sie so etwas wie Solidarität entwickeln. Bis 1848 hatte nur eine Minderheit die Kraft zum Protest, und die war in ganz Europa verstreut, die Mehrheit

Karl Marx (1850) und Friedrich Engels (1879)

neigte dazu, die bestehenden Zustände passiv hinzunehmen. Doch nun fanden zumindest in einigen Ländern Europas radikale Kritiker des Kapitalismus mit ihrer Agitation Gehör wie noch nie zuvor: Intellektuelle, Studenten, Arbeiter, Handwerker und Kleinbürger begannen, politische Gemeinsamkeiten zu entdecken. Die große soziale und wirtschaftliche Krise traf in dieser oder jener Form nun jeden Bürger und verunsicherte auch Angehörige der Oberschicht, man begann sich zu fragen, ob die Schwierigkeiten innerhalb der bestehenden Ordnung bewältigt werden konnten oder ob es einer Neuordnung bedurfte.

Ein Gespenst geht um in Europa

Für Karl Marx war diese Umbruchstimmung befreiend, seine Projekte waren zuletzt in einer Sackgasse gelandet. Er hatte den abstrakten Idealismus und die dialektischen Kontroversen mit den deutschen Philosophen hinter sich gelassen, für ihn stand nun fest, dass die Lokomotive der Geschichte von wirtschaftlichen und sozialen Kräften angetrieben werde. Doch was nun passierte – die Schockwellen, die durch ganz Europa gingen, – waren drastischer als alles, was er erwartet hatte. Er überwand nun seine politische Isolation, engagierte sich im Londoner »Bund der Kommunisten« und bei der Gründung einer »Demokratischen Vereinigung« in Brüssel. Einen revolutionären Arbeiter hatte er, der Akademiker, bis jetzt im Unterschied zu Engels noch nie aus der Nähe gesehen. Nun schaltete er sich ein, wo es ging, als Umstürzler, Kämpfer für eine demokratische Revolution, für den Sieg der Arbeiterklasse über das kapitalistische System. Trotz seiner verzweifelten finanziellen Lage reiste er nach London, wo der Bund ein Programm erstellte, das seine Handschrift trug: Sturz der Bourgeoisie, Machtübernahme des Proletariats, Abschaffung der Klassengesellschaft und des Privateigentums. Eine berauschende Zeit für ihn.

Der Kongress erteilte Marx den Auftrag, das neue politische Programm der Kommunisten schriftlich niederzulegen. Was da nach einigem Zögern und Mahnungen durch seine Auftraggeber Anfang 1848 entstand, war schließlich in seiner wortmächtigen Prägnanz ein Meisterwerk, eine politische Streitschrift, ein soziopolitischer Kommentar und zugleich Essenz von Marx' geistiger Entwicklung, die unter dem Titel »Manifest der Kommunistischen Partei« in die Geschichte einging.

Das war zweifellos ein irreführender Titel, die Kommunistische Partei gab es damals noch gar nicht. Als Autoren wurden Marx und Engels angeführt, zu Recht, manche Ideen sind bereits in einem Vorentwurf von Engels enthalten, Marx hat die Gedanken dann in einem Zug durchformuliert. Berühmt wurde der packende Beginn: Ein Gespenst gehe um in Europa, das Gespenst des Kommunismus. Der Kapitalismus habe eine kurze, durchaus brillante Blüte erlebt, er habe die bis dahin isolierten Arbeiter in die Fabriken getrieben, um die moderne Industrie zu schaffen, und damit die Bedingungen für den Zusammenschluss der immer mehr verarmenden Arbeiterschaft geschaffen. Diese Ära des Kapitalismus sei von der Bourgeoisie getragen worden, sie habe nun ihre Rolle erfüllt: »Ihr Untergang und der Sieg des Proletariats sind gleich unvermeidlich.«

Viele Kommentatoren haben diese Passagen als großmütige Reverenz an die Bourgeoisie und ihre Rolle in der kommenden Revolution interpretiert. Sie habe es – so Marx im »Manifest« – ermöglicht, dass »alle feudalen, patriarchalischen, idyllischen Verhältnisse« zerstört wurden und die Menschen gezwungen wurden, »ihre Lebensstellung, ihre gegenseitigen Beziehungen mit nüchternen Augen anzusehen«. Marx ließ also Bourgeoisie und Kapitalismus hochleben, jetzt lagen sie seiner Meinung nach ohnehin im Todeskampf. Ein Irrtum, ebenso die Prognose, dass die nationalen Gegensätze der Völker sich auflösen würden. Diese Analyse, gleichsam ein Abriss der Menschheitsgeschichte, bildet den am häufigsten zitierten Teil des Manifests, es folgt dann ein kommunistisches Programm und die Auseinandersetzung mit anderen Theorien des Sozialismus. In der kommunistischen Gesellschaft würden die Partikularinteressen der Individuen mit den Allgemeininteressen von Staat und Gesellschaft zusammenfallen. Kommunistische Experimente innerhalb des kapitalistischen Systems, also einen Sozialreformismus ohne Revolution, lehnten die Autoren ab. Berühmt geworden sind die Schlusssätze: »Mögen die herrschenden Klassen vor einer kommunistischen Revolution zittern. Die Proletarier haben nichts zu verlieren als ihre Ketten. Sie haben eine Welt zu gewinnen.« Erstmals taucht hier schriftlich die Parole »Proletarier aller Länder, vereinigt euch!« auf. Die Formel stammt allerdings nicht von Marx, sie wurde aber untrennbar mit ihm verbunden.

Damit war der »wissenschaftliche Sozialismus« geboren, die Geschichte der bisherigen Gesellschaft als Geschichte von Klassenkämpfen definiert und der Weg zur Überwindung der elenden Gegenwart des Proletariats gewiesen. Hier fand nun jeder, der die bestehenden Verhältnisse revolutionär verändern wollte, sein theoretisches Rüstzeug. Die langfristigen und weltweiten Wirkungen dieses Manifests sind bekannt, doch 1848 folgten zunächst nur wenige Arbeiter diesem Ruf, die Auswirkungen auf die Revolution von 1848 waren marginal. Die Zeit war zu kurz für den Massenaufstand des Proletariats. Doch im Bürgertum wurde die Botschaft verstanden, nämlich als Warnung: Radikale politische Veränderungen würden die Klasse der Proletarier nach dieser Theorie unweigerlich an die Macht bringen.

Karl Marx war zum Kommunisten geworden, das blieb auch dem österreichischen Polizeiapparat nicht verborgen (Ernst Hanisch hat die Dokumente in seiner Schrift »Karl Marx und die Berichte der österreichischen Geheimpolizei« publiziert). Man war in Wien über die »Gefährlichkeit« dieses Mannes ausreichend informiert, schon im Juni 1845 wurde ein Plan nach Wien geschickt, in dem die Aufenthaltsorte der »Revolutionäre« verzeichnet waren, die Lieferungen der »Deutsch-Französischen Jahrbücher« wurden in Österreich sofort beschlagnahmt. Die Furcht des Metternich'schen Systems wurde durch die Konfidentenberichte stark vergrößert. Trotz aller Irrtümer und teils grotesken Fehlinformationen in den Spitzelberichten hält Historiker Hanisch fest, »dass die österreichischen Behörden über die persönliche politische und ideologische Entwicklung von Marx teilweise recht gut informiert waren. Es bedeutet aber für sie jeweils eine große Schwierigkeit, aus dem Nebel von Gerüchten und Halbwahrheiten den realistischen Sachverhalt zu ermitteln; obendrein hatten auch die Konfidenten ein Interesse daran, die Lage möglichst gefährlich zu schildern – schließlich lebten sie davon!«

Das Titelblatt des »Kommunistischen Manifests«

»Nun ist alles verloren!«

Als es dann in Paris im Februar 1848 so weit war, fragten sich dennoch viele, wie es dazu gekommen war, niemand hatte irgendetwas Umstürzlerisches geplant. Es hatte den Anschein, Paris spielte wie üblich wieder einmal Aufruhr, doch was herauskam, war eine Revolution. Mit dem Rücktritt von König Louis Philippe hörte die bourbonische Orléans-Dynastie auf, über Frankreich zu herrschen, es wurde eine Republik ausgerufen, die Revolution war perfekt. Eine Revolution aus Zufall: Keine organisierte Opposition hatte eine Rolle gespielt, die Atmosphäre schien zunächst weit weniger dramatisch als im Juli 1830, die Arbeiter auf den Barrikaden wollten einen Lohn, von dem sie leben konnten, und keine Änderung der Verfassung. Kein Blutvergießen, keine Plünderungen von Adelsschlössern, stattdessen Forderungen nach neuen Arbeitszeiten und der Gründung von Arbeitervertretungen. Doch die Reaktionen in Berlin, Wien und Petersburg waren einhellig: »Der Satan ist wieder entfesselt!« (Friedrich Wilhelm IV. von Preußen), »Nun ist alles verloren!« (Metternich), »Handelt entschieden und prompt oder, ich sage Euch und ich wiederhole es: Alles ist verloren!« (Zar Nikolaus I.). Die Herren hatten die Situation richtig erkannt: Der Sturz der Monarchie in Frankreich, das »Schmettern des gallischen Hahns« (Marx), wurde zu einem Ereignis von europäischer Bedeutung, betroffen waren in der Folge Deutschland, die Habsburgermonarchie, Italien, andere Länder nur abgeschwächt. Charakteristisch war ein bürgerliches und nationales Emanzipationsstreben, die Hauptforderung war eine freiheitliche Verfassung, in Deutschland und Italien kam das Ziel der nationalen Einigung hinzu.

Die österreichische Zensur konnte die Nachrichten von den revolutionären Februarereignissen in Paris nicht an der Grenze abfangen. Am 29. Februar wusste man in Wien Bescheid. Doch hier war auch ohne das französische Vorbild die Stimmung schon unruhig genug. Am Kärntnertor hing unübersehbar groß ein Plakat, vor dem sich die Menschen stauten: »In einem Monat wird Fürst Metternich gestürzt sein. Es lebe das constitutionelle Österreich!« Am 3. März hielt ein Sprecher im ungarischen Reichstag in Pressburg, Lajos Kossuth, so etwas wie die »Taufrede der Revolution«, eine leidenschaftliche Anklage gegen die unkontrollierte Herrschaft eines absolutistischen Regimes. Kossuth verdammte das Wiener System und rief nach einer neuen Verfassung, die alte sei unvereinbar mit den ungarischen Rechten. Es dauerte nur vier Wochen und die Regierung in Wien musste dem Königreich Ungarn fast völlige Selbstständigkeit zugestehen. Von den slawischen Völkern hatten sich bereits die Polen 1846, wenn auch vergeblich, gegen die habsburgische Herrschaft erhoben. In Böhmen begannen die Tschechen, sich ihrer nationalen Eigenart bewusst zu werden, ein Prozess, der in Italien schon längst im Gange war.

Auch in den übrigen deutschen Staaten waren plötzlich Menschenmassen auf der Straße, man musste Konzessionen machen: in Baden, in Württemberg, in Sachsen, in Preußen. Unruhe herrschte auch in Pressburg und Prag, alles verlief zunächst aber geordnet: in Form von loyalen Bittschriften an den Herrscher. Zu einem Thronwechsel kam es nur in München, König Ludwig I. hatte durch eine Affäre mit der Tänzerin Lola Montez sein Ansehen verloren. Die gemäßigten Liberalen des Vormärz waren nie Revolutionäre gewesen, nun wurden sie es nur widerstrebend und mit der gebotenen Mäßigung, gebildete und besitzende Bürger wurden nicht über Nacht zu Radikalen.

Die Forderungen in Wien waren auch gar nicht neu, sie wurden in einer Flut an Petitionen vorgebracht, die Abschaffung der Zensur, eine Steuerreform, kommunale Parlamente, weniger Macht für die Polizei. Eine Bürgerpetition, klar und sachlich formuliert, forderte mehr wirtschaftliche Freiheit, die Zahl der Unterschriften, es waren in kurzer Zeit Tausende, liest sich wie ein Auszug aus dem Handelsregister Wiens. Die Niederösterreichischen

Landstände, die sich im Landhaus versammelten, wurden ersucht, dem »gütigen Monarchen« das Anliegen vorzutragen. Am 11. März sah sich Metternich durch die chaotisch ablaufenden Demonstrationen noch gar nicht wirklich herausgefordert, eine offene Konfrontation mit dem Bürgertum behagte ihm nicht, in sechs Monaten, so dachte er, würde sich der Revolutionssturm totgelaufen haben.

Eine Revolution mit Glacéhandschuhen?

Doch am 13. März 1848 wurde geschossen, an diesem Tag wurde aus der Reformbewegung die Revolution. Die Demonstrierenden waren empört über die ungnädige Aufnahme ihrer Petition, Barrikaden wurden gebaut, der Forderungskatalog wurde länger und mit mehr Intensität vorgebracht, unüberhörbar wurden eine »Konstitution« und der Rücktritt Metternichs gefordert. Jetzt war auf einmal der Teufel los auf der Straße: Studenten, Proletarier und ehrbare Bürger Schulter an Schulter, eine feindselige dunkle Mauer bildend, das hatte Wien noch nie gesehen. Stärker als in jeder anderen Universitätsstadt beeinflussten in Wien die Studenten den Verlauf der revolutionären Ereignisse. Manche sprachen auch von einer »Revolution in feiner Wäsche und Glacéhandschuhen«, so sehr bestimmte das gebildete und wohlsituierte Bürgertum das Märzgeschehen. Es war dies jenes Bürgertum, das schon kurz vor dem Ausbruch der Revolution durchaus die ungünstige Situation der Lohnarbeiter reflektiert und eine »Ausgleichung« des Arbeiterelends »durch den Überfluss begünstigter Klassen« diskutiert hatte, eine Haltung, die die breite Koalition der Märzrevolution mit zu erklären vermag.

Doch bald veränderte sich dieses Bild einer »mondänen« Revolution (angesichts von mindestens 60 Toten während der Märzrevolution ist es ohnehin wenig angebracht). Am Linienwall, an der Grenze zu den Vororten, wurde bereits geplündert, Fabriken wurden angezündet, das Pfandleihhaus und Wachthäuser an der

Zolllinie gestürmt: ein primitiver, unorganisierter antikapitalistischer Protest wie im Böhmen des Jahres 1844. Der Maschinensturm griff auch über den Wiener Raum hinaus, er erreichte auch Linz. Soldaten begannen, auf die Menge zu schießen. Als am 16. März das Standrecht verkündet wurde, konnten die Unruhen beigelegt werden, bei den anschließenden Gerichtsverfahren galten Elend und Arbeitslosigkeit der Aufständischen als Milderungsgrund. Am 27. März konnte man in der »Wiener Abendzeitung« lesen:

Metternich auf der Flucht vor der Revolution (eine zeitgenössische Karikatur)

»Der Sozialismus erwacht! Seit zwei Tagen machen Fabriksarbeiter, Handwerksgesellen und Taglöhner drohende Äußerungen. Sie wagen aber nicht offen aufzutreten, denn unsere junge, aber martialische Nationalgarde steht in der Bereitschaft und trifft vereint mit der am Glacis wieder kampierenden Garnison solche Maßregeln, dass sich die Arbeiter hoffentlich bald wieder zur Ruhe begeben dürften, wenn sich auch die Arbeitgeber zu billigen Konzessionen herbeilassen werden.«

Die Regierung war wie paralysiert. Der Druck nahm dermaßen zu, dass man in der Hofburg die Nerven verlor und, das französische Menetekel vor Augen, den Mann, der als Symbolfigur der Unterdrückungspolitik galt, zum Rücktritt zwang. Fluchtartig verließ Klemens Metternich, auf dessen Person sich der Hass auf das vormärzliche System fokussiert hatte, Wien; sein Palais wurde geplündert. Dieser Rücktritt beflügelte die Protestbewegung, die Revolte eskalierte in Berlin, in Mailand, Venedig, Modena, Parma. Viele konservative Haudegen flüchteten nach London, ins Herz des verhassten Liberalismus, das großzügig Asyl gewährte.

Bürger und Krawallmacher

Was war da geschehen in Wien? Ein Sieg der bürgerlichen Revolution, die Feudalaristokratie in der Hofburg hatte sich auf ein Bündnis eingelassen und kapituliert. Was da in den Vorstädten passierte, Brandstiftungen und Tumulte, waren für beide Seiten Krawalle, die persönliche Sicherheit, Freiheit und materiellen Wohlstand bedrohten – Dinge, die auch den Bürgern heilig waren. Die Studenten allein hätten mit ihren aufsässigen Forderungen nie siegen können, wenn nicht die Petition der wirtschaftlich potenten Bürger, die zu einer geistigen Rebellion bereit waren, hinzugekommen wäre. Und deren Sieg wiederum wäre nicht möglich gewesen, wenn nicht auch das Proletariat in den Vorstädten rebelliert hätte.

Angesichts der Feuersäulen wagte das bestehende Regime, das nur über eine schwache Garnison in Wien verfügte, nicht, die aggressive Revolte gleich im Keim zu ersticken. Diese Stunde sollte erst kommen, nämlich dann, wenn sich das revolutionäre Bündnis aufzulösen begann. Dass dies eher früher als später sein würde, war in den Widersprüchen der Koalition ohnehin schon im März angelegt. Die Mehrzahl der »Märzgefallenen« starb ja nicht unter den Schüssen der Soldaten während des Chaos' in der Herrengasse, sondern bei der Herstellung von »Ruhe und Ordnung« in den Vorstädten Gumpendorf, Fünfhaus, Mariahilf usw. »Die Märzrevolution hat das Volk gemacht, der ›Pöbel‹, auf den die Bourgeoisie so stolz herabblickt, das ›Gesindel‹, welches der hohe Adel für ›Bestien‹ erklärte: Die Märzrevolution war das große Werk der Volksmassen«, schrieb einer der journalistischen Wortführer, Hermann Jellinek.

Wenige Tage danach hatten die Wiener das Bedürfnis, zu jubeln, sie winkten dem Kaiserpaar zu, als es in einer offenen Kutsche durch die Stadt fuhr, sie winkten auch Kossuth und seiner ungarischen Begleitung zu. Wenn die Wiener jubeln, geht es nicht immer ganz logisch zu, denn sie bejubelten nicht nur den ungarischen Nationalismus, sondern auch Feldmarschall Radetzky, der gerade die italienischen Nationalisten niederkämpfte. Eine Flut von Zeitungen, Zeitschriften und Flugblättern ergoss sich über die Wiener Bevölkerung, darunter waren gemäßigte wie »Die Presse«, aber auch radikalere wie die »Constitution«. Ihr Chefredakteur, Leopold Häfner, war selbst einer, der auf den Barrikaden stand und das Proletariat höchstselbst zum Kampf antrieb. Ein größerer Gegensatz zur bürgerlichen »Presse« war nicht denkbar. In diesen Monaten des Jahres 1848 war beides möglich.

Doch ausgestanden war die Sache nicht. Im April wurde die Koalition zwischen Intelligenz, Kleinbürgertum und Proletariat geschlossen, der politische Einsatz galt nun der Erarbeitung einer Verfassung. Das Volk stand weiterhin unter Waffen, in der Nationalgarde die Bürger und in der Akademischen Legion die Studenten. Die Lücke, die Metternich hinterlassen hatte, war groß, allenthalben nur Taktieren, Konzeptlosigkeit, Führungsschwäche. Die Minister der Nach-Metternich-Zeit hatten im Vormärz Karriere gemacht und waren höchstens im Vergleich mit dem bisherigen Staatskanzler »liberal«. Die Gesamtstaatsverfassung, die Österreich durch das »Allerhöchste Patent« Kaiser Ferdinands am 25. April 1848 erhielt, wurde nach belgischem Vorbild von Innenminister Franz Freiherr von Pillersdorf verfasst, einem altgedienten Beamten.

Ohne Rücksprache mit Vertretern des liberalen Bürgertums wurde sie vom Kaiser oktroyiert, ein einseitiger Regierungsakt, eine Farce, zumindest fassten die Untertanen diese »Pillersdorfsche Verfassung« so auf. Kleinbürgertum und Proletariat waren von den Wahlen für die Volksvertretung, den Reichstag, ausgeschlossen, der Kaiser behielt ein Vetorecht gegen alle Beschlüsse dieses Gremiums, ob er ein Gesetz genehmigte oder nicht, oblag seinem Gutdünken, ebenso die Zusammensetzung seiner Regierung. Die Empörung über diesen Verfassungs-Oktroi war groß, nicht nur bei den Arbeitervereinen und der Studentenschaft,

Zu Beginn der Revolution zogen Arbeiter, Studenten und Bürger an einem Strang.

sondern auch in der Nationalgarde, der Mitglieder des selbstständigen Bürgertums angehörten.

Es kam zur Kraftprobe des Mai 1848 und zur zweiten Wiener Revolution. Immer öfter zogen nun Arbeiter und Studenten gemeinsam durch die Straßen, ständig befand sich die Stadt am Rande des offenen Aufruhrs. Man verlangte die Ausarbeitung einer Verfassung durch einen Reichstag. Am 26. Mai brach der offene Aufruhr los, Barrikaden wurden gebaut, Arbeiter rissen in den Vororten Eisenbahnschienen aus dem Boden, aufrührerische inhaftierte Journalisten mussten wieder freigelassen werden, Pillersdorf selbst wurde von Revolutionären mit Gewehren bedroht, eine offene Revolte der studentischen und der proletarischen Rebellen. Der Kaiserhof zog sich von Wien nach Innsbruck zurück, eine »anarchische Fraktion«, so der Kaiser, habe die Macht in Wien an sich gerissen.

Die Stadt wurde nun nicht von Regierung, Polizei oder Militär beherrscht, sondern von einem Sicherheitsausschuss mit 234 Mitgliedern, der von Radikalen dirigiert wurde und sich auf die Waffengewalt der »Akademischen Legion« und einer Hilfsarmee von Proletariern stützte. Wien hatte damit eine revolutionäre Nebenregierung. Ein labiler Zustand, denn parallel dazu gab es in dieser Doppelherrschaft ja noch immer die Regierung Pillersdorf, die allerdings von dem um Entspannung bemühten Erzherzog Johann umgebildet wurde. Doch eigentlich regierte niemand in Österreich. Am 22. Juli, während Radetzky gerade den italienischen Aufstand niederschlug, konstituierte sich in den Räumen der kaiserlichen Hofreitschule ein vom liberalen Bürgertum dominierter Reichstag, der schon vier Tage danach eine (seine einzige) Sternstunde erlebte, als er die Bauernbefreiung beschloss. Von den 15 Reichstagsabgeordneten, die

Wien zustanden, gehörten nur fünf der Linken an, den Arbeitern gelang es nicht, einen Kandidaten aufzustellen. So war der demokratische Radikalismus im Reichstag nur schwach vertreten. Eine Verfassungskommission begann mit ihrer schwierigen Arbeit, sie kam nie zu einem Ende, da der Tätigkeit des Reichstags im Oktober ein Ende gesetzt wurde.

»Der Abgrund des Proletariats«

Nur schwerfällig fand die österreichische Arbeiterschaft zu einer Organisationsform, obwohl sich ein beträchtliches sozialrevolutionäres Potenzial aufgestaut hatte. Das machte vielen Angst. Zeitgenossen sprachen von einem »tiefen schauerlichen Abgrund«, dem »Abgrund des Proletariats«: »Der Sturm der Märztage trieb diesen heißen Wüstensand der Gesellschaft tief in das Herz der Hauptstadt, und wo es niederfiel, gab es Feuer.« Doch diese Masse war unorganisiert. Auch deutsche Arbeitervereine spielten 1848 keine große Rolle, in der ersten Frankfurter Nationalversammlung waren keine Arbeiter oder Handwerker vertreten, in Österreich war die Beteiligung an den Reichstagswahlen unter den Arbeitern gering. Typisch war eher das isolierte Vorgehen einzelner Handwerker- und Arbeitergruppen, wenn sie ihre Beschwerden gegenüber Meistern oder Fabriksbesitzern vorbrachten.

Die hochqualifizierten Arbeiter der Wien-Gloggnitzer Eisenbahngesellschaft setzten zuerst den Zehnstundentag durch. Ein großer Fortschritt, nur noch die Buchdrucker konnten hier mithalten, sie sahen sich als Avantgarde aller Arbeiter und trieben die gewerkschaftlichen Ambitionen voran. So wurden erstmals die Voraussetzungen für die Wahrnehmung gemeinsamer politischer Interessen gelegt. Schneider versammelten sich in den letzten Märztagen am Wiener Judenplatz, sie forderten eine Reduzierung ihrer Arbeitszeit, die von fünf oder sechs Uhr morgens bis acht oder neun Uhr abends dauerte. Maurer verlangten, von den

Polieren auf den Baustellen menschenwürdig behandelt zu werden. Lehrlinge bei einer Demonstration im April, nicht mehr wie Lasttiere und Hausknechte zugleich behandelt zu werden, »und all dieses ohne Lohn, bloß um schlechte Kost, kaum die Blöße bedeckende Kleider und ein elendes Lager auf dem Dachboden«. Journalisten wie Alfred Julius Becher in der Zeitschrift »Der Radikale« kämpften für das demokratische Wahlrecht der Arbeiter: »Eine ganze zahlreiche, höchst notwendige wie höchst achtbare Klasse von Staatsbürgern ... dieser ganze vierte Stand darf also keinen Einfluss auf die Institution ausüben, deren heiliger Zweck es doch ist, den Gesamtwillen der Nation zu offenbaren.« (Gemeint ist der Reichstag mit seinen 383 Delegierten.)

Im Mai 1848 wurden zur Bekämpfung der Arbeitslosigkeit öffentliche Arbeiten aus der Staatskasse finanziert, nicht zuletzt auch um die totale Lähmung der Wirtschaft zu verhindern und die Arbeiterschaft ruhig und unter Kontrolle zu halten. »Man möge sie arbeiten lassen, wenn auch nutzlos, bloß um der Arbeit willen«, wurde im Sicherheitsausschuss diskutiert, und weniger zynisch: »Wer lebt, hat das Recht zu leben, wir müssen den Arbeitern zu leben geben, haben wir keine Arbeit, so muss man ihnen Geldunterstützung geben.« Mitte Juni 1848 waren etwa 20 000 Personen so in Beschäftigung. (Ein ähnliches Fürsorgeprogramm in Form von öffentlichen Arbeiten startete im Juni auch Paris: 120 000 strömten zusammen, um in den Genuss der Zahlung zu kommen. In Berlin ordnete man an, Telegrafenlinien und Gasleitungen auszubauen, um Menschen zu beschäftigen.)

Die Forderungen nach einer Verkürzung der Arbeitszeit auf zehn Stunden pro Tag und eine angemessene Entlohnung blieben trotz der Niederlage in den Straßenkämpfen weiterhin aufrecht, auch die Forderung nach einer Mietensenkung. Die Arbeiter merkten, dass nichts von den Errungenschaften der Märzrevolution ihre Lage verbessert hatte, das Schlagwort vom »Verrat« begann zu kursieren, als die bewaffnete Nationalgarde immer öfter gegen demonstrierende Arbeiter einschritt. »Jetzt sieht man ganze Kompagnien durch Trommelschlag mit Gewehr und scharfen Patronen gegen ein paar wehr- und waffenlose Menschen ausrücken, denen ohnehin gemeiniglich Not und Elend aus den Augen schaut und die sich vor Hunger kaum auf den Füßen erhalten können«, so der Arbeiter Johann Fischer aus Erdberg. Um den 30. März kursierte in Wien auch ein Flugblatt, das die »Forderungen der kommunistischen Partei in Deutschland«, verfasst von Karl Marx und Friedrich Engels, wiedergab. Auch die bürgerliche »Theaterzeitung« druckte dieses radikale Programm – natürlich mit der unübersehbaren Distanzierung vom Kommunismus – ab, das mit den »verrufenen Namen« von Marx und Engels verbunden war. Am 3. Juni wurden die Hütten, von denen aus die Rekrutierung für den Armeeeinsatz in Italien ausgeführt wurde, von revoltierenden Arbeitern zertrümmert, die Aktion zeugt von einem bereits entwickelten Bewusstsein und Einsicht in die Zusammenhänge zwischen diesem Militäreinsatz und den Zielen der Revolution. Am 8. Juni fiel im Sicherheitsausschuss der Satz, »man wolle eine Aristokratie unter den Arbeitern schaffen, nur die Ehrlosen seien ausgeschlossen.« So hoffte man, die unruhigen Arbeiter zu isolieren, indem man den »braveren« Uniformierung und Bewaffnung zugestand und die Differenzen innerhalb der heterogenen Arbeiterschaft zu nützen versuchte (etwa zwischen gelernten und ungelernten Arbeitern, die unterschiedliche Löhne erhielten).

Unter der Fahne der Demokratie

Marx verstand es inzwischen immer besser, seine Ideen geduldig in einer Form darzulegen, die für die zuhörenden Arbeiter verständlich war. So wiederholte er seine Vorträge in diesen Jahren immer wieder vor Arbeitervereinen, er sprach über die Lohnarbeit, die eine Ware wie jede andere sei, und dass die Kapitalisten die Löhne gerade so ansetzten, dass den Arbeitern ein Überleben möglich sei, um Kinder aufzuziehen und den Arbeitsmarkt der

Zukunft zu bedienen. Die gelungene Mixtur aus Gelehrsamkeit und Verständlichkeit verschaffte ihm als Redner Respekt. Außerdem war er flexibler geworden, ein Taktiker, der sich auch von starren Grundsätzen verabschieden konnte, wenn sie die Revolution nicht vorantrieben, und der sich hütete, die Bourgeoisie, deren Stärke sich in dem revolutionären Drama in Europa gerade zeigte, zu verschrecken.

Er hatte, als er in Wien ankam, turbulente Monate hinter sich. Das Jahr 1848 ließ sich gut für ihn an, seine Familie hatte sich vergrößert und sein finanzieller Background war halbwegs abgesichert (durch einen Erbonkel in Holland), die Ehe war harmonisch und Jenny nahm regen Anteil an seinen Aktivitäten. Er lebte in Brüssel, wo vor dem Rathaus am 27. Februar gewaltige Menschenmassen »Vive la république!« riefen. Als Soldaten aufmarschierten, war die Revolution auch schon vorüber. Die belgischen Behörden betrachteten die »exaltierten Deutschen« als die Urheber des ganzen Aufruhrs, dabei hatten sich Marx und seine kommunistischen Freunde nicht offen bei Demonstrationen gezeigt.

Generell bestand 1848 die Tendenz, Unruhen den Ausländern in die Schuhe zu schieben. Anfang März wurde daher die Zentrale des »Bundes der Kommunisten von Brüssel« nach Paris verlegt, Marx aus Belgien ausgewiesen. Er kam nach Paris, wo die Revolution bereits wieder stagnierte. Doch das Interesse der deutschen Emigranten galt ohnehin ihrer Heimat: Am 18. und 19. März entlud sich die angespannte Stimmung in Barrikadenkämpfen in Berlin. Der Preußenkönig Friedrich Wilhelm IV. wollte kein Blutbad und ließ seine Soldaten abziehen, öffentlich verbeugte er sich vor den aufgebahrten Toten und erwies der bis dahin verbotenen deutschen Trikolore seine Reverenz, eine Schmach. Nun stand die Tür nach Deutschland für die vertriebenen »Aufrührer« wieder offen, politische Gesellschaften entstanden, die Zensur wurde abgeschafft, es zog Marx in die Rheinprovinz, seine Heimat.

Von der Einrichtung der Frankfurter Nationalversammlung hielt er nichts, als parlamentarische Abgeordnete sahen sich Marx und Engels nicht. Sie hielten mehr von der Ausbreitung von Arbeitervereinen, durch die Mobilisierung des Proletariats sollte revolutionäre Leidenschaft entfacht werden, nicht durch Debattenbeiträge in einem Parlament. Doch der Plan, Deutschland mit einem Netz an Arbeitervereinen zu überziehen, scheiterte eben an den Arbeitern, die sich nicht an das »Kommunistische Manifest« hielten, sondern in Ermangelung eines proletarischen Instinkts lieber ihre alten Zunftprivilegien wiederhaben wollten, anstatt in die goldene Zukunft voranzuschreiten. Das sah sehr nach Rückschlag aus.

Dagegen kämpften Marx und Engels ab dem 1. Juni 1848 mit der von ihnen herausgegebenen »Neuen Rheinischen Zeitung«, die an die Vorgängerzeitung von 1842 anschloss. Doch die Situation hatte sich geändert: Sechs Jahre später waren liberal denkende Kölner Bürger nicht bereit, Geld in ein kommunistisches Projekt zu stecken. Denn es war offenkundig: Das durchaus ansehnliche Blatt hatte einen Redaktionsstab unter dem diktatorisch agierenden »Redakteur en Chef« Karl Marx, der ausschließlich aus Kommunisten bestand. Der Untertitel der Zeitung war jedoch »Organ der Demokratie«, daran hielten sich die Redakteure auch, den Kommunismus propagierten sie nicht. Engels schrieb lange später, dass ihnen 1848 gar keine andere Möglichkeit offengestanden wäre, als unter der Fahne der Demokratie zu segeln, um nicht zur Sekte zu verkommen. Nur wenn sie sich als Demokraten gebärdeten, hatten Marx und Engels Chancen, auf die Massen einzuwirken und die Entwicklung in radikale Bahnen zu lenken. Gekämpft wurde vor allem für die Wiederaufnahme der Revolution, die gemäßigt-liberale Stufe, auf der sich die Ereignisse nach dem stürmischen Märzbeginn stabilisiert hatten, missfiel der Zeitung, über die Frankfurter Nationalversammlung machte sie sich lustig.

Arbeiterverein im Tanzsaal

Ein reges Vereinsleben hatte es in Wien schon im Vormärz gegeben. Das Industriebürgertum versammelte sich im »Niederösterreichischen Gewerbeverein«, die bürgerliche Intelligenz im »Juridisch-politischen Leseverein«, sein Festbankett 1844 gilt als die erste politische Versammlung in Österreich. Bei den Behörden herrschte eine ausgeprägte Abneigung gegen die Vereinsmeierei, Polizeiminister Sedlnitzky glaubte, die Mitglieder würden sich hier zu »Verbrechern« lesen. In Wirklichkeit nahmen sie zunehmend dem Staat Aufgaben auf sozialem Gebiet ab. Am Anfang stand die einflussreiche »Gesellschaft der Volksfreunde«, die sich für die konstitutionelle Monarchie einsetzte und sich im Juni 1848 in einen liberalen und einen demokratischen Teil spaltete. Nun verlagerte sich auch das politische Leben der Arbeiter in die Vereine, sie dienten »als Ersatz für die nicht mehr funktionierenden traditionellen Gruppenbildungen und ... befriedigten das Bedürfnis nach politischer und sozialer Gruppenidentität« (Wolfgang Häusler). Auch in Deutschland entstanden spontan und zunächst unkoordiniert Arbeitervereine, meist wurden sie von Angehörigen der bürgerlichen Intelligenz wie Journalisten (Marx!), Advokaten oder Armenärzten gegründet.

Das, was als »Erster Allgemeiner Arbeiterverein« in die Geschichte eingehen sollte, ging zurück auf ein Treffen, das der Buchbindergeselle Friedrich Sander im Gasthof Fürstenhof in der der Beatrixgasse 19 im heutigen dritten Wiener Bezirk organisierte. Das Lokal war bei den Arbeitern populär, im Fasching und im Sommer wurden im Saal des Gasthauses Tanzveranstaltungen abgehalten, die gerne auch von Arbeitern und Arbeiterinnen besucht wurden. Er wurde zum ersten politischen organisatorischen Zentrum für das Wiener Proletariat und verstand sich als Arbeiterbildungsverein: »Belehrung durch leichtfassliche Vorträge, Förderung der Bildung durch eine Bibliothek, Förderung der Geselligkeit durch einen Gesangsverein und Deklamationen«

Der Klassenkampf wurde auch mit der Feder geführt: Verkauf der »Wahrheit« und anderer politischer Schriften in Wien 1848.

waren dem Gründer wichtig und traten an dieselbe Stelle wie die Forderung nach geregelten Arbeitszeiten, Kranken- und Invalidenkassen und einer freien Gewerbeordnung.

Als Arbeiter galten alle, die unterhalb der Schicht selbstständiger Handwerker für einen Tage- oder Wochenlohn arbeiteten, also auch Gesellen, Dienstboten, Landarbeiter, auch viele am Rande des Existenzminimums lebende Meister. Für Sander gehörten zum Proletariat alle, »die ohne feste Stellung im Leben, ohne eigenes Geschäft und ohne Besitz sind, die kein gesichertes fremdes Eigentum haben, deren Existenz von dem bloßen Erwerb ihrer Arbeit abhängt, den sie jedoch noch mit einem Arbeitgeber teilen müssen. Proletarier ist der Handarbeiter und Taglöhner, der Gesell, der Gehilfe und das Subjekt, der Fabrikarbeiter und alle die, welche bei der Industrie als Lohnarbeiter ihr Brot finden.« Mit Stolz soll sich Sander stets »der Gesell« genannt haben, Ende der 1820er-Jahre hatte der Schustergeselle durch Auslandsreisen Erfahrungen gesammelt und profilierte sich in Wien nach seiner Rückkehr als Autor sozialkritischer Zeitungsartikel und feuriger Gelegenheitsgedichte. Sander, der mit der zeitgenössischen sozialistischen Literatur vertraut war, nutzte auch die Blüte des Zeitungswesens in diesem Sommer 1848 und gab ein »Wiener Allgemeines Arbeiterblatt« heraus. Der Ton, den er anschlug, war in Wien bis dahin noch nie zu hören gewesen: »Ihr aber, Brüder, ihr Arbeiter und Armen, wacht auf! ... Lasst uns fest zusammenstehen und auf unsren Rechten bestehn, die nur der unverschämte Despotismus uns so lange vorenthalten konnte.«

Am 15. Juli 1848 fand im Theater in der Josefstadt die konstituierende Sitzung von Sanders Arbeiterverein statt, er wurde zu einem der stärksten Wiener Vereine und soll bis zu 8 000 Handwerksgesellen als Mitglieder gehabt haben. Bei Zusammenkünften gab es politische Diskussionen, aber es blieb immer auch Zeit für das Turnen, Tanzen, Deklamieren und Fechten. Friedrich Sander schrieb die Einladungen, an der Spitze der Tagesordnung stand in der Regel: »Gleichstellung der politischen Rechte des Arbeiters mit denen anderer Stände, freies Niederlassungsrecht, freie Gewerbeordnung, Feststellung der Arbeitszeit, Bildungsanstalten, Errichtung von Kranken- und Invalidenkassen, unbeschränkte Heiratserlaubnis usw.«

Obwohl Sander den Sozialismus für eine »neue berechtigte Wissenschaft, nicht die unsinnige Idee einiger Schwärmer oder unruhiger aufrührerischer Köpfe« hielt, war in seinem Verein von sozialistischen Reformen wenig die Rede. Als Kennzeichen trugen die Vereinsmitglieder am Hut einen kleinen Bienenstock aus weißem Metall, das Symbol des Arbeitsfleißes. Radikal denkende Fabriksarbeiter sammelten sich daher lieber woanders, etwa im »Radicalen liberalen Verein« des Journalisten Adolf Chaisés, einem der eifrigsten Agitatoren der extremen Linken im Wien von 1848. Der »Marat der Revolution« hielt seinen Anhängern wie ein Privatdozent Vorlesungen, Ziel seines berserkerhaften Kampfes gegen das »Pfaffenregiment« war eine »rein democratische Republik.« Aber auch hier hatte man keine Kenntnisse von Marx und seinem Kommunismusideal.

»Wie Tiger gegen unbewaffnete Arbeiter«

Zu Demonstrationen in der Arbeiterschaft kam es, als am 21. August 1848 der Lohn für die bei den »öffentlichen Arbeiten« beschäftigten Frauen von 20 auf 15 Kreuzer herabgesetzt wurde. Am 23. August protestierten mehr als tausend Menschen im Prater gegen diese Lohnkürzung. Polizei und Nationalgarde schritten ein, es kam zur »Praterschlacht« mit fünf Toten und 67 Verletzten, 154 Arbeiter wurden verhaftet. Friedrich Engels' Kommentar dazu: »Die Arbeiter machten eine Demonstration, die Bourgeoisie in der Nationalgarde erklärte sich für den Erlass ihres Ministers, sie wurden auf die Anarchisten losgelassen; fielen am 23. August wie Tiger über die unbewaffneten Arbeiter her, die gar keinen Widerstand leisteten, und metzelten eine große Zahl derselben nieder. So wurde die Einheit und Kraft der revolutionären Kriegsmacht gebrochen; der Klassenkampf zwischen dem Bourgeois und dem Proletarier war auch in Wien blutig zum Ausbruch gekommen, und die konterrevolutionäre Kamarilla sah den Tag kommen, an dem sie im Stande war, den großen Schlag zu führen ...«

Auch im September kam es zu Massenunruhen in Wien, gegenrevolutionäre Kreise begannen, Pläne für ein militärisches Vorgehen zu schmieden. Die Agitation gegen die »rote Gefahr« wurde schärfer: »Die rote Fahne voraus, die Verwegensten und Wildesten an der Spitze, so ziehen die unabsehbaren Massen der arbeitenden Klassen, geführt von ehrgeizigen Demagogen, von Schwindlern und Fanatikern des Umsturzes und Glücksrittern des gebildeten Proletariats, in bewaffneten Kolonnen auf«, so der »Constitutionell-monarchische Verein«.

Auch in Wien hatte die Revolution bis zur Jahresmitte 1848 nicht das Ergebnis gebracht, das Marx als historische Bestimmung vertrat. Monarchie und Aristokratie waren hier wie auch in Berlin nicht gefallen, Bürokratie, Armee und Polizei waren intakt, das Bürgertum arrangierte sich mit den alten Mächten, nicht zuletzt aus Furcht vor dem Proletariat. Engels nannte das verächtlich ein »Schutz- und Trutzbündnis«. Die Ultras auf der Linken erschienen der politischen Mitte gefährlicher als die auf der Seite der Restauration Stehenden. Kein Wunder: Seit zehn Jahren redete man in Europa über das Gespenst des Kommunismus. So sah man in diesen Kreisen mit Genugtuung, wie in den Tagen nach dem 23. Juni Zehntausende Barrikadenkämpfer bei einem Aufflammen des Aufstands in Paris niedergekämpft wurden. Marx sah dies als einen reinen Arbeiteraufstand und als ersten großen Zusammenstoß zwischen Proletariat und Bourgeoisie, ein Vorspiel für zukünftige größere Schlachten. Für Engels war die Pariser Bourgeoisie schlimmer als die berüchtigten österreichischen Generäle Radetzky und Windisch-Graetz zusammen, für viele andere hingegen bedeutete dies die Rettung der Ordnung vor totaler Zerstörung durch Sozialismus und Anarchie. In Mitteleuropa weckte die Pariser Junirevolution so viel Angst und Schrecken, dass republikanische und demokratische Ambitionen einen Dämpfer und die Konterrevolutionäre Aufwind erhielten. Wie zu Beginn des Jahres war es Frankreich, das das Geschehen im Revolutionsjahr auch für die anderen Länder mitbestimmte.

Für Marx war mit Paris eine Schlacht verloren, aber noch nicht der Krieg. Vorerst galt es aber, seine Zeitung über Wasser zu halten, dem diente wohl eine Reise, die ihn in der letzten Augustwoche 1848 nach Berlin führte, von hier aus unternahm er auch seinen Besuch in Wien. »Der Redakteur en chef der Neuen Rheinischen Zeitung, Karl Marx, ist gestern auf einige Tage nach Wien abgereist«, meldete die »Neue Rheinische« am 25. August. Berlin wurde unterschlagen. Insgesamt dauerte Marx' Reise länger als geplant, beinahe drei Wochen, zehn Tage davon war er in Wien. Der US-Historiker und Marx-Biograf Oscar J. Hammen dazu: »Offenbar fand Marx an solchen Geschäftsreisen großen Gefallen. Er hielt es für angebracht, als Diplomat im Dienste einer politischen Zielsetzung und als Redakteur en chef einer großen

Zeitung in erstklassigen Hotels abzusteigen und in einem Stil zu leben, der seiner Stellung entsprach. Er verbrachte gern einen Abend mit Bekannten beim Wein.«

»Herr Dr. Carl Marxe« kommt nach Wien

Auch im Revolutionsjahr verströmte die staatliche »Wiener Zeitung« gepflegte Langeweile, sie ließ in ihren Spalten keine Aufregungen zu. Am 30. August 1848 findet man auf der Seite sechs »Meteorologische Beobachtungen an der Wiener Sternwarte«, es war heiter und windstill, die »Traunsee-Dampfschiffahrt« schaltete ein Inserat. Dann gibt es noch die Spalte »Angekommen« und »Abgereiset«, man ist ein wenig hinten nach, der 27. August ist gerade an der Reihe. 15 erwähnenswerte Personen sind nach Wien gereist, unter ihnen: »Herr Dr. Carl Marxe, Dr. der Philosophie, von Paris.« Er kam an diesem Sonntagabend auf blutgetränktem Boden an, am Wiener Nordbahnhof, wo sich nur vier Tage zuvor blutige Kämpfe zwischen Arbeitern und Ordnungshütern zugetragen hatten; das Krankenhaus der Barmherzigen Brüder und das Allgemeine Krankenhaus hatten viele Verletzte aufnehmen müssen. Offenbar wollte Marx in Wien, wo es in diesen Tagen gewaltig gärte und das Chaos größer als in den meisten anderen großen Städten Europas war, die politische Situation ausloten, sich persönlich ein Bild von der Lage machen und Kontakte mit Sympathisanten knüpfen. Außerdem lernte er Eduard von Müller-Tellering kennen, den Wiener Korrespondenten der »Neuen Rheinischen Zeitung«, den er noch nie persönlich getroffen hatte. Die Zeitung hatte auch in Wien eine kleine Anzahl von Abonnenten. Marx schätzte Müller-Tellering zunächst sehr, er blieb der wichtigste Verbindungsmann nach Wien, bis er 1849 zur Ausreise gezwungen wurde und bald darauf mit Marx brach. Er vermittelte nun einige Auftritte für den in Wien nicht unbekannten Marx. Die »Allgemeine Österreichische Zeitung« hatte sich in mehreren Artikeln mit ihm befasst, im »Radikalen« wurde

Marx als »Apostel des deutschen Kommunismus« bezeichnet.

Marx trat am 28. August bei einer Versammlung des »Demokratischen Vereins« auf, keine linksradikale Gruppierung, sondern ein Zusammenschluss von Wiener Bürgern, die sich bei ihren Treffen im Gasthaus »Zum Engeländer« in der Währinger Straße für demokratische Errungenschaften und auch für die Proletarier einsetzten. Der Verein gehörte zum »Zentralkomitee der demokratischen Vereine«, einem im Wiener Odeon gegründeten Dachverband aller Vereine, die für den Ausbau des politischen Mitspracherechts der unteren Volksschichten eintraten. Sitz des Zentralkomitees war bis zu seiner Auflösung am 29. Oktober der Gasthof »Zur goldenen Ente« an der Ecke Riemergasse/Schulerstraße im ersten Bezirk.

Thema der Versammlung im »Engeländer« waren die Ausschreitungen gegen die im Prater demonstrierenden Arbeiter. Marx musste die allgemeine Aufmerksamkeit mit Julius Fröbel teilen, einem führenden Demokraten der Frankfurter Nationalversammlung, der bei den Zuhörern wahrscheinlich mehr Ansehen genoss als Marx. Geleitet wurde die Versammlung von Hermann Jellinek, der sein politisches Engagement noch im Revolutionsjahr mit dem Leben bezahlen sollte. Der Arbeitsminister Ernst von Schwarzer wurde für das Blutbad im Prater verantwortlich gemacht und seine Absetzung verlangt. Marx hielt nichts davon, er wandte sich gegen Einzelmaßnahmen und ging ins Prinzipielle: Es sei völlig egal, welcher Minister welchen Regierungssitz innehabe, die Arbeiter sollten zuerst ein Bewusstsein ihrer eigenen Kraft und Bedeutung entwickeln, denn wie in Paris sei jetzt auch in Wien der Kampf zwischen Proletariat und Bourgeoisie entbrannt: »Wir müssen uns an das Volk wenden und es mit allen Mitteln bearbeiten. Wir müssen einen Sturm gegen das Ministerium heraufrufen und auf alle Art, selbst mit mephistophelischen Mitteln, dahin wirken. Wir müssen durch die Presse, durch Plakate, durch Konversation dahin arbeiten.«

Der Aufruf, sich mit den Arbeitern auf der Straße zu solidarisieren, ging den bürgerlichen Vereinsmitgliedern zu weit. Jellinek widersprach, noch seien die Arbeiter nicht reif dafür, selbst zu einem politischen Faktor zu werden, es fehle ihnen noch an Intelligenz und sie hätten zu wenig soziale Anschauungen. Die Bemühungen um eine umfassende Organisierung der Arbeiterschaft seien eben erst am Anfang. Dennoch wurde Marx' Rede als »sehr geistvoll, scharf und belehrend« gewürdigt. Wir kennen den Inhalt der Reden von Marx in Wien nicht im Detail, können aber davon ausgehen, dass er wie auch in seinen Leitartikeln davon sprach, den Plebejern »den Lorbeer um die Stirn zu winden«, jenen, »die vom Hunger zerrissen, von der Presse geschmäht, von den Ärzten verlassen, von den Honetten Diebe, Brandstifter, Galeerensklaven gescholten« werden. Und was die Opfer betraf, die in den Straßenkämpfen gefallen waren, bemerkte er damals zynisch: »Der Staat wird ihre Witwen und Waisen pflegen.«

Wir wissen auch nicht, wie er als Redner in Wien ankam. Marx selbst kannte seine Grenzen. Er war wirkungsvoller, wenn er hinter den Kulissen arbeitete, Zeitgenossen bewunderten zwar seine klare, logische und gediegene Sprache, die mit Leidenschaft vorgetragenen Thesen, zugleich aber wirkte abstoßend, wie arrogant und verächtlich er Gegenargumente ignorierte. Der Student Karl Schurz fand 1848, er habe noch nie »einen Menschen von so verletzender, unerträglicher Arroganz des Auftretens« gesehen, »er tat keiner Meinung, die von der seinen abwich, auch nur die Ehre an, sie mit ein wenig Respekt zu erwägen«, stattdessen habe er über die Unwissenheit der anderen gespottet. Das, so Karl Schurz, habe viele verprellt und seine Wirkung geschmälert. Ähnliche Nachrichten sind uns aus Wien nicht bekannt.

Der Revolutionär in der Josefstadt

Im Unterschied zum eher bürgerlichen »Demokratischen Verein« war Friedrich Sanders »Erster Allgemeiner Arbeiterbildungsverein« das organisatorische Zentrum der Wiener Arbeiter. Sander hatte Marx für den 30. August eingeladen, im geräumigen Saal »Zum Sträußl« im Parterre des Theaters in der Josefstadt drängten sich an die tausend Personen. Auch hier standen alle noch unter dem Schock des Blutvergießens vom 23. August. Diszipliniert hörten sie Marx zu, der über die organisierte Arbeiterbewegung in den Ländern, die er kannte, referierte, die Junirevolution in Paris schilderte und auf Parallelen zu den jüngsten Ereignissen in Wien hinwies. Die Zuhörer empfanden wohl Bewunderung für den weitgereisten Mann, der bereits vor Arbeitervereinen in Paris, Brüssel und London gesprochen hatte, sie fühlten sich geehrt durch den Besuch, auch wenn sie seine Thesen über Lohnarbeit und Kapital nicht ganz durchschauten. Verständlich war hingegen, dass dieser gescheite Mann sie, die Arbeiter, für die entschiedensten Kämpfer für die demokratischen Rechte hielt. Es folgten weitere Redner und eine Spendensammlung für die Familien der Opfer des 23. August, Marx wurde für ein Referat bei einer weiteren Veranstaltung eingeladen.

Die Behörden begannen, nervös zu werden. Sie fürchteten den Zustrom von Arbeitervereinen nach Wien. Das Militärkommando Wien warnte, dass »500 Demokraten von Breslau die Absicht hegen, mittels der Eisenbahn einen Ausflug nach Wien zu unternehmen«. Das sei mit allen Mitteln zu verhindern. Karl Marx erlebte das mit, vielleicht hat er auch das Plakat gesehen, das in Wien hing: »Es ist schon ein bisschen lächerlich, wenn in Wien, dessen Bürger doch gewiss friedliebend sind, der Zusammenstoß einiger Schusterknaben in der Leopoldstadt oder in Mariahilf als Krawall, Attentat oder Revolution erzählt wird. So durchläuft jetzt das Gerücht die Stadt, dass eine wühlerische Partei beabsichtige, den Reichstag zu sprengen. Diese Partei bestehe aus Wühlern, Anarchisten und Republikanern, die Garde rückt dann aus, die Akademische Legion konsigniert sich auf die Universität, und endlich, häufig erst zu später Abendstunde, zeigt es sich, dass es ein blinder Lärm war, an dem durchaus nicht ein wahres Wort ist …« Eine hochnervöse Stadt.

Die Regierungstruppen greifen die Demonstranten bei der Hofburg an.

Für die Einladung am 2. September entschied sich Karl Marx für das Thema des Interessengegensatzes zwischen den Klassen. Die Arbeiter erfuhren, dass es ihnen im kapitalistischen System immer nur schlechter und schlechter gehen würde, ganz gleich, welche Hilfsmaßnahmen man durch Fürsorge ergreife. Die grundlegenden Interessen des Kapitals und des Proletariats seien so verschieden, dass es immer zu Konflikten führen müsse, denn auch dort, wo das Kapital wachse, bleibe die gesellschaftliche Kluft bestehen. Der Vortrag war nicht einfach zu verstehen, viele der Anwesenden besaßen zwar leidvolle Erfahrungen mit dem kapitalistischen System, hatten aber kein theoretisches Wissen über die Ursachen. In der Folge kam es zu einer Reihe von Zeitungsartikeln, Marx führte noch Gespräche in Wien, und am 4. September veröffentlichte Friedrich Sander einen Aufruf zur »Gleichstellung der politischen Rechte der Arbeiterschaft«. Das ging über die bisher von ihm geforderten Anliegen gewerkschaftlicher Art wie Beschränkung der Arbeitszeit hinaus.

Karl Höger, 1847 geborener Buchdrucker und Gewerkschafter und ab 1867 wichtiger Führer in der Arbeiterbewegung, meinte zum Marx-Besuch in Wien 1848: »Es ist wohl zweifellos, dass die Anwesenheit Marx' und dessen Vorträge im Arbeiterverein bei den Mitgliedern desselben befruchtend gewirkt haben, da er ihnen seine Ideen über die politische und wirtschaftliche Umgestaltung der Gesellschaft nicht vorenthalten hat.« Victor Adler erklärte 1893 zum zehnten Todestag von Marx: »Im Jahre 1848 – und das war die erste Revolution, die Karl Marx mit sehenden Augen erlebte, die er mitgekämpft, die er uns gedeutet, erklärt hat und aus der wir lernen werden und gelernt haben – im Jahre 1848 war das Proletariat nicht nur hier in Österreich, auch drüben in Frankreich, wo die Hauptschlacht geschlagen wurde, eine unterentwickelte Klasse, eine Klasse, die sich selbst noch nicht kannte ...«

Wenige Wochen nach Marx' Aufenthalt in Wien läuteten die Totenglocken für die Revolution. Der Konflikt entzündete sich Anfang Oktober an der Wiener Garnison, die bis jetzt nicht gegen die Revolution eingesetzt worden war. Nun sollte sie gegen die Rebellion der Ungarn in Marsch gesetzt werden, Bevölkerung, Nationalgarde und Soldaten fraternisierten, Teile der Garnison meuterten. In der Wiener Innenstadt kam es zu Gefechten zwischen kaisertreuen und aufständischen Nationalgardisten, das Kriegsministerium wurde erstürmt, der verhasste Kriegsminister Graf Latour gelyncht und seine Leiche an einer Laterne aufgehängt. Andere Minister entgingen diesem Schicksal nur knapp. Die kaisertreuen Teile der Garnison zogen sich ins Palais Schwarzenberg zurück. Aus bewaffneten Arbeitern wurde die Mobilgarde errichtet, ihre militärische Kraft war mangels Zuzugs aus den Ländern und ohne Artillerie oder Kavallerie naturgemäß begrenzt.

Die Gegensätze zwischen Arbeitern, Gesellen und Prekariat und gehobenem und mittlerem Bürgertum wurden nun immer größer, Letztere waren nicht bereit, die revolutionäre Anarchie länger zu dulden. Von Böhmen aus bereitete seit dem 11. Oktober Fürst Alfred Windisch-Graetz den Kampf gegen das revolutionäre Wien vor. Von Deutschland aus versuchte man zwischen Revolution und Gegenrevolution zu vermitteln, doch die Vertreter der Frankfurter Paulskirchenversammlung scheiterten. Die ungarische Armee, der einzige Hoffnungsschimmer, erreichte Wien nicht, sondern wurde bei Schwechat zurückgeworfen. Am 28. Oktober wurde Wien von der Gegenrevolution erstürmt, bis 31. war die Eroberung der Stadt perfekt. Hof, Ministerium und Reichstag blieben der abtrünnigen Stadt noch eine Weile fern, Olmütz wurde vorübergehend kaiserliche Residenz, der Reichstag tagte in Kremsier, das nicht weit entfernt lag.

Der Katzenjammer im Bürgertum

Die Gründe für den Sieg der Konterrevolution sind vielfach analysiert wurden, es gibt Gemeinsamkeiten zwischen Paris, Berlin und Wien. Als die Begeisterung darüber, Herrscher gedemütigt und ihnen Konzessionen abgerungen zu haben, vorbei war, zeigten sich die tiefen Risse zwischen den gesellschaftlichen Gruppen, die die Revolutionen mitgetragen hatten. Viele sahen mit der Liberalisierung von Gesetzen ihr Anliegen bereits erfüllt, sie waren die Gemäßigten, die ihre Ziele erreicht zu haben glaubten und die sich jetzt abwandten von den Arbeitern, denen die Abschaffung der Zensurparagrafen reichlich egal war. Sie wollten nicht in ihre Elendsquartiere in den Vorstädten zurückkehren, genauso hungrig wie in den Jahren zuvor.

Ihre Wut machte der Mittelschicht, die zu Beginn noch Sympathie für ihre Anliegen hatte, Angst, damit war der Weg auf die Seite der Konterrevolution nicht weit. Die Angst vor der Anarchie verstärkte in der Mittelschicht die Neigung, sich an die überkommene Ordnung anzulehnen. Bezeichnend zum Beispiel ein Handwerker- und Gewerbekongress in Frankfurt im Juli 1848, der sich gegen Sozialismus und Kommunismus aussprach, aber auch gegen die Gewerbefreiheit und die Republik, und stattdessen ein Zusammengehen von Bürgertum und Monarchie verlangte. Katzenjammer herrschte also in einem großen Teil des selbstständigen Mittelstandes über das, was passiert war. Auf dem Land setzte die Abwendung von radikalen Forderungen ebenso rasch ein. Die endgültige Abschaffung der Hörigkeit für Österreichs Bauern entzog der Rebellion hier jede Grundlage. In den Monaten August bis Oktober 1848 triumphierten die alten Regime, begann der Vormarsch der Gegenrevolution, in Österreich genauso wie in Preußen, die anderen deutschen Staaten folgten.

Als sich der aufgewirbelte Staub gelegt hatte, wurde klar, dass sich nicht allzu viel durch das Revolutionsjahr geändert hatte. Im Hohenzollernstaat Preußen wurde wie in Österreich die gegenrevolutionäre Wende im September 1848 eingeleitet und staatsstreichartig wenige Monate danach durchgesetzt. Ein leicht zu erringender Sieg, denn große Teile der Bevölkerung Preußens sahen wie in Österreich die Restauration der Herrschermacht als angemessenes Mittel gegen den Radikalismus. Die Konfliktfelder, die verantwortlich für die Revolutionen 1848 waren, waren am Ende dieses Jahres nicht ausgeräumt. Wenn sich die Regierenden bei der Bewältigung der Krise nicht gar so inkompetent gezeigt hätten, wäre der Erfolg der überhasteten und unbesonnenen Aufstände noch geringer gewesen. Doch der Blick für die Probleme war geschärft: In Deutschland blieb ein übergreifendes Bedürfnis erhalten, die Forderung nach einem Einheitsstaat. Manche offenen Fragen wurden erst Jahrzehnte später gelöst, die Errichtung des italienischen Nationalstaates, die Verselbstständigung Ungarns, konstitutionelle Verfassungssysteme in Mitteleuropa, die Verbesserung der sozialen Lage der Arbeiter. »Auch eine gescheiterte Revolution kann den Aufbruch in eine neue Zeit markieren.« (Manfred Botzenhart).

Reichlich kurz gegriffen war die Analyse von Karl Marx zu den Ereignissen des Jahres 1848: »Der Ausbruch des allgemeinen Missbehagens wurde endlich beschleunigt, die Verstimmung zur Revolte gereift durch zwei ökonomische Weltereignisse: Die Kartoffelkrankheit und Missernten um 1845 und 1846 steigerten die allgemeine Gärung im Volke«, schrieb er in seinen »Klassenkämpfen in Frankreich«. Es war ein »Kampf des Volkes um die ersten

Lebensmittel«. Das erklärt die Koalitionen, die sich im Frühling 1848 zusammenfanden, nicht. Ein Großteil der Aufständischen hatte – da nicht besitzlos – wenig Interesse an einem völligen Umsturz der Gesellschaftsordnung. In Polen, Ungarn und Italien standen nationalistische Ideale im Vordergrund, die auch von gemäßigten liberalen Adelskreisen mitgetragen wurden. Eine übernationale Zusammenarbeit kam nie zustande, auch wenn man ständig die Solidarität mit den ausländischen Geknechteten, wie etwa den Polen, betonte. Als sich der Verlauf der Revolution anders entwickelte, als Marx und Engels erwartet hatten, entfachten sie in der »Neuen Rheinischen Zeitung« eine aggressive antislawische Agitation.

Die Gegenrevolution konnte der Unterstützung der meisten slawischen Nationalitäten sicher sein, sie gaben im Reichstag den Ton an, für die deutsche Linke war das Verrat an der Revolution. Friedrich Engels nannte bald danach in der »Neuen Rheinischen Zeitung« die konterrevolutionären Südslawen »Natiönchen«, »Völkerruinen«, »Völkerabfälle« und drohte ihnen: »Der nächste Weltkrieg wird nicht nur reaktionäre Klassen und Dynastien, er wird auch ganze reaktionäre Völker vom Erdboden verschwinden machen. Und das ist auch ein Fortschritt.« Die Tschechen und Kroaten, mit deren Hilfe militärisch gegen die ungarischen und Wiener Aufständischen vorgegangen worden war, galten ihnen nun als »Hunde« und »Abschaum«, »Schurken« und »Phantasten«. Der Korrespondent der Zeitung in Wien nennt die kleinen slawischen Völker nur noch »tierisch-blödsinnige Slawen«, »blödsinnige Slawenesel«, »niederträchtige Hunde von Slawen und Ruthenen«, »Kroatenabschaum«.

Im Februar 1849 legt der Autor dann noch nach, diesmal gegen die Juden: »Man fühlt in Österreich im ganzen Volke, dass das Judenvolk dort die niederträchtigste Sorte von Bourgeoisie und den gemeinsten Schacher repräsentiert, darin liegt die ganze Antipathie gegen das Judengesindel.« Marx selbst, der das alles durchgehen ließ, schrieb: »In Wien erwürgten Kroaten, Panduren, Tschechen, Sereschaner und ähnliches Lumpengesindel die germanische Freiheit.« Das Slawentum galt Marx und Engels mit Ausnahme der Polen als einzige »Vendée« (die Region, deren Bauern sich in der Französischen Revolution gegen die Jakobiner auflehnten). »Die ganze frühere Geschichte Österreichs beweist es bis auf den heutigen Tag, und das Jahr 1848 hat es bestätigt: Unter allen Nationen und Natiönchen Österreichs sind nur drei, die aktiv in die Geschichte eingegriffen haben, die jetzt noch lebensfähig sind – die Deutschen, die Polen, die Magyaren. Daher sind sie jetzt revolutionär. Alle anderen kleinen Stämme und Völker haben zunächst die Mission, im revolutionären Weltsturm unterzugehen.«

Jetzt braucht es »Weltkriege«

Marx und Engels hatten für ihr Modell der Diktatur des Proletariats und der klassenlosen Gesellschaft kein konkretes Modell entwickelt, das Problem galt als zweitrangig und würde sich nach erfolgreicher proletarischer Revolution ohnehin von selbst lösen, so die Theorie. Jedenfalls vertraten die Kommunisten die revolutionäre Strategie, im Unterschied zur gewerkschaftlichen Konzeption, die unter Aufrechterhaltung des bestehenden politischen Systems um Sozialreformen und Verbesserungen der Lage fechten wollte. Zu Letzteren gehörte in Deutschland das »Zentralkomitee der Arbeiter« unter Stephan Born, der formulierte: »Wir wissen sehr wohl, dass wir bei dem unklugen Versuche einer neuen Revolution in die sehr nahe Gefahr kommen würden, alles das noch zu verlieren, was wir eben erst errungen ... Hier begegnen sich unsere Interessen mit denen der Kapitalisten, wir wollen beide den Frieden, wir müssen ihn wollen!« Die Arbeiter selbst hätten also das größte Interesse am Bestehen von Ruhe und Ordnung. Diese Spielarten, die revolutionär-sozialistische und die reformerisch-gewerkschaftliche, gab es auch bei den Diskussionen in Österreich. Das fundamental verschiedene Denken hinderte die beiden Proponenten Marx und Born übrigens nicht daran, gute persönliche Beziehungen zu entwickeln.

Nicht nur die Analyse von Marx und Engels war unzutreffend, sie waren auch weit davon entfernt, mit ihren Ideen die Ereignisse zu beeinflussen, auch nicht mit ihrem »Kommunistischen Manifest«. Die Revolution musste für sie nach dem Schema der Französischen Revolution ablaufen und am Ende die radikalste Partei, also das kommunistische Lager, an die Macht bringen. Die neue Idee, die das Bürgertum im 19. Jahrhundert hervorbrachte, nämlich die Herstellung einer zivilen Ordnung, die das Recht des Stärkeren ablösen sollte, blieb den Revolutionären fremd. Sie entwickelten ein kriegerisches Verständnis der gesellschaftlichen Entwicklung: »Ohne Gewalt und eherne Rücksichtslosigkeit wird nichts durchgesetzt in der Geschichte.« Ihre Vorstellung von Demokratie ließ sich nur in »Weltkriegen« realisieren. In seinem Neujahrsartikel für die »Neue Rheinische Zeitung« sprach Marx davon, dass die europäische Revolution wohl nur in Form eines europäischen Weltkriegs realisierbar wäre, der von Frankreich und dem Sturz der dortigen Bourgeoisie ausgehend über England schließlich die ganze Welt überrollen müsste: »Weltkriege – das ist die Inhaltsanzeige des Jahres 1849.«

Die bürgerlich-liberale Zeitung »Die Presse«, am 3. Juli 1848 gegründet, war damals noch nicht so weit, den deutschen Aufrührer, der da in Wien einige Reden gehalten hatte, wirklich zur Kenntnis zu nehmen. Ihr Herausgeber, kann man annehmen, kannte den Namen Karl Marx gar nicht oder er hatte andere Sorgen, nämlich die Zeitung am Leben zu erhalten. Keine Ahnung hatten die Leute von der »Presse«, dass der Mann, der da zur Aussaat der Gewalt nach Wien gekommen war, einmal in ihrem Blatt schreiben würde.

III.

»Die lausige Presse, es sind Esel«
MARX, DER JOURNALIST

»Wenn Marx nicht gerade den Degen führte, dann war er dabei, eine neue Zeitung zu gründen, mit der er die Spießbürger zwicken und zwacken konnte.« Der Satz stammt aus der sehr lesbaren Marx-Biografie des linksliberalen »Guardian«-Kolumnisten Francis Wheen, er bezeichnet in dem Buch Marx »als kritischen Journalisten mit der schärfsten Feder des neunzehnten Jahrhunderts«. Wheen ist ein Bewunderer von Marx' Prosa, er zeigt sich fasziniert von der Eloquenz und dem Wagemut des Journalisten: »Marx war kein Feigling, der sich nur auf jene stürzte, die sich nicht wehren konnten. Bei der Auswahl seiner Opfer bewies er Kühnheit und Rücksichtslosigkeit, was erklärt, warum er den größten Teil seines Lebens in Exil und politischer Isolierung verbrachte.«

Da hat Wheen recht. Der große Selbstdarsteller Marx hatte mit seinen Presseunternehmen immer Großes vor, setzte sich leidenschaftlich mit der Innen- und Außenpolitik der europäischen Staaten und der USA auseinander. Als Egon Erwin Kisch 1923 eine Anthologie »Klassischer Journalismus – Die Meisterwerke der Zeitung« herausgab, durfte Marx darin nicht fehlen. Kisch attestierte ihm »von Jugend auf eine beinahe unglückliche Liebe zur direkten Zeitungswirkung« und lieferte auch eine Liste seiner journalistischen Fehlschläge, immer wieder bereiteten ja Zensur und ökonomische Schwierigkeiten der publizistischen Herrlichkeit ein jähes Ende. Doch ein Leben lang stritt Marx für die Freiheit der Presse: »Das Wesen der freien Presse ist das charaktervolle, vernünftige, sittliche Wesen der Freiheit«, schreibt er, dagegen: »Der Charakter der censierten Presse ist das charakterlose Unwesen der Unfreiheit, sie ist ein civilisiertes Ungeheuer, eine parfümierte Missgeburt.« Der Politologe und Marx-Kenner Iring Fetscher hat nachgewiesen, dass sich die Verteidigung der freien Presse gegen Zensur und bürokratische Beeinträchtigung wie ein roter Faden durch das Denken von Marx und Engels zieht, das reiche von frühen bis zu späten Äußerungen.

»Das Zeitungsschmieren nimmt mir Zeit weg«

Von Marx selbst gibt es einige Bemerkungen, in denen er seine Arbeit als Zeitungsredakteur abwertet, im September 1853 schrieb er: »Das beständige Zeitungsschmieren ennuyirt mich. Es nimmt mir viel Zeit weg, zersplittert, und ist schließlich doch Nichts. ... Rein wissenschaftliche Arbeiten sind etwas total Andres.« Hingegen findet man mehr Zitate von ihm, wo er sich mit Stolz über seine journalistischen Beiträge äußerte, in seinen Lebensläufen vergaß er nie, diese Tätigkeiten zu erwähnen. Zwei Mal war er Chefredakteur, nicht alle seine Presseprojekte standen unter einem guten Stern, das Problem der Finanzierung machte ihm immer zu schaffen, Anpassung an die gegebenen politischen Umstände, um eine Zeitung über Wasser zu halten, war nicht seine Sache.

Viele Jahre hindurch verdiente er seinen Lebensunterhalt auch als Korrespondent internationaler Zeitungen. Zwischen 1853 und 1862 schrieb er abwechselnd für sechs verschiedene Tageszeitungen. Die Tätigkeit als Korrespondent war naturgemäß völlig anders, hier konnte er der Zeitung keine Linie vorgeben wie in seiner Funktion als Chefredakteur. Er musste darauf vertrauen, dass die Redaktionen dem prominenten Autor großzügig Spielräume gewährten und ihm politische Aussagen »durchgehen« ließen, für politische Agitation war hingegen kein Platz. Viele Bände der Gesamtausgabe der Werke von Marx und Engels sind gefüllt mit den nahezu 2000 Artikeln aus dieser Tätigkeit. Dennoch wurde das journalistische Schaffen von Marx und Engels wenig gewürdigt, in den meisten Biografien fehlt etwa eine Analyse seiner journalistischen Beiträge für die »Presse« in Wien. Viele dieser Zeitungsartikel wurden von der Nachwelt vor allem als »Steinbruch« für griffige Zitate benützt, der Ökonom und politische Kopf fand mehr Beachtung als der Publizist.

Unablässig schrieb der Journalist Marx über die ökonomischen Verhältnisse, über Krisen, Wirtschafts- und Finanzpolitik, bis hin zu den Entwicklungen in den Kolonien und überseeischen Territorien. Michael Krätke hat dies in seiner Studie »Marx als Wirtschaftsjournalist« zusammengefasst und die Themenpalette Marx' von neuen Finanzinstitutionen, Verkehrs- und Handelsbeziehungen bis hin zum Chinahandel und den Kolonialgebieten ausgebreitet. Krätkes Ergebnis: »Kurz und gut, auch den Journalisten Marx ließ die politische Ökonomie nicht los. Er war einer der führenden Wirtschaftsjournalisten seiner Zeit und erwarb sich einen ausgezeichneten Ruf als Spezialist für Finanz- und Geldfragen. Seine Kommentare zu den geld- und finanzpolitischen Aktionen der führenden europäischen Mächte waren nicht ohne Einfluss; seine Prognosen trafen öfter ins Schwarze. Gelegentlich wurde das sogar anerkannt und Marx genoss diese kleinen Triumphe über den bürgerlichen Alltagsverstand.« Krätke vermisst diesen ketzerischen Ton zum Sinn und Unsinn der herrschenden Wirtschafts- und Finanzpolitik im Wirtschaftsteil der wichtigen Zeitungen heute. Man stelle sich vor, jemand würde so angreifen wie Marx, rücksichtslos, wohlinformiert, gegen die herrschenden Mythen zu Globalisierung, Sozialstaat, Deregulierung und Privatisierung, »die moralische Wirkung wäre schon ungeheuer.« (Krätke)

Zwei Tage für einen Leitartikel

Marx ist mit seiner journalistischen Tätigkeit in den 1840er-Jahren noch nicht ganz einzuordnen. War er bereits »redaktioneller« Berufsjournalist oder war er »schriftstellernder« Journalist? Deutschland befand sich gerade in einer Übergangsphase, beide

Formen, das Angestelltenverhältnis bei einer Zeitung und das Verfassen räsonierender Abhandlungen, die dann in Zeitungen erschienen, existierten nebeneinander und wurden dem Journalismus zugeordnet. Marx stand in der Mitte. Mitte der 1830er-Jahre war Friedrich Engels von der radikalen Literatur der jungdeutschen Autoren fasziniert, doch ihre Schriften reichten ihm in seiner Rebellion gegen die bestehenden Autoritäten und Institutionen bald nicht mehr. So wandte er sich dem Journalismus zu und verfasste Flugschriften. Er besaß eine grandiose Formulierungsgabe, beißenden Witz, einen klaren und mitunter reißerischen Stil. Um ihn beneidete ihn Marx ein Leben lang, er war schwerfälliger und für einen umfangreichen Artikel brauchte er lang, oft genug sprang dann Engels als Ghostwriter ein, sehr zu seinem Ärger, er beklagte sich dann, aus Marx werde nie ein richtiger Journalist. »Er ändert und feilt, und ändert wieder das Geänderte, und kann vor lauter Gründlichkeit niemals zur rechten Zeit fertig werden.« Für einen Leitartikel benötige ein gestandener Journalist maximal zwei Stunden und nicht wie Marx zwei Tage. Gewöhnlich war er dann am besten, wenn man ihm einen Termin wie ein Ultimatum setzte, das war bereits beim »Kommunistischen Manifest« so. Marx kritzelte alles in einer verkrampften Handschrift hin, die kaum jemand außer Jenny lesen konnte, strich endlos daran herum, fügte ein, besserte um.

Sein Vorteil war, dass er gebildet war. Das machte seine Anziehungskraft für die Zeitgenossen aus. Dass da viel Zeit verwendet wurde, um durch Exzerpte und Notizen in Bibliotheken mühselig das Material für fundierte Artikel aufzutreiben, war eben typisch für Marx' Arbeitsweise. Dazu kamen seine »bedingungslose Orientierung an der Wahrheit« (Herfried Münkler) und die Überzeugung, dass gründliche Wissenschaft den Zusammenhang der Dinge erklären könne. Als Chefredakteur fühlte sich Marx auch berechtigt, Artikel von Engels umzuschreiben. Historiker mühten sich redlich ab, aufgrund des Stils und von Hinweisen in ihrer Korrespondenz die wichtigsten Artikel korrekt zuzuordnen,

Friedrich Engels als Mitarbeiter der »Neuen Rheinischen Zeitung«

doch das war nicht immer möglich, manchmal verfassten sie ja auch gemeinsam Artikel. Engels liebte es, sich über die Zensur lustig zu machen, angeberisch behauptete er, dass in deutschen Zeitungen Dinge stünden, für die man in Frankreich und England hinter Gittern kommen würde.

Die Kölner »Rheinische Zeitung« von 1842, eine pro-demokratische reformistische Publikation der oppositionellen rheinischen Bürgerschaft, sah Engels als »politisches Organ der Partei« an. In der Tat war diese Zeitung in mancher Hinsicht sensationell, sie galt als Enfant terrible, weil sie mit ihrem kritischen und respektlosen Ton religiöse Gefühle verletzte und auch in Regierungskreisen als provokant und subversiv galt. Dennoch zeigte man hier eine wahre Engelsgeduld, schließlich war die Zeitung von Wirtschaftsleuten gegründet worden, denen keiner Illoyalität gegenüber dem preußischen Staat vorwerfen konnte. Es erschien undenkbar, dass diese liberalen Geschäftsleute eine Zeitung finanzierten, die allen Ernstes die Abschaffung des Privateigentums befürwortete. Ein finanzieller Erfolg war damit nicht möglich, nicht viele waren bereit, zu schlucken, was hier geboten wurde. So hatte die Zeitung im Juli 1842 erst 800 Abonnenten, das Startkapital wurde immer mehr aufgezehrt, ohne dass es Einnahmen gab.

Zensoren an der Nase herumführen

Mit so wenigen Lesern stellte die Zeitung offenbar keine große Gefahr dar, zumal Karl Marx als leitender Redakteur es vermied, den Leuten die wahre Theorie unter die Nase zu reiben. Er bevorzugte statt des provokativen Frontalangriffs die subtilere Methode, Kritik an konkreten Missständen vorzubringen, und vermied jede direkte Bezugnahme auf die preußische Politik. Kein Wunder, dass es wegen seiner wirtschaftsliberalen Linie (Marx trat für den Freihandel ein) zu Zerwürfnissen mit seinen Freunden von der Universität kam. Er forderte von den Artikelschreibern weniger hohle Phrasen, weniger Predigten, mehr Genauigkeit bei der Darstellung von Tatsachen, »mehr Bestimmtheit, mehr Eingehn auf die konkreten Zustände, mehr Sachkenntnis«, das schwere Geschütz nur, wenn es notwendig war, ansonsten das treffsichere Florett. Für einen Journalisten und Zeitungsredakteur war er noch reichlich philosophisch, er liebte es, Argumente anderer zu zerpflücken und argumentative Triumphe heimzufahren, das »Geschrei der Feinde« zu besiegen und zugleich durch sein hohes Niveau die Zensoren an der Nase herumzuführen, denen diese Argumentationskette zu subtil war. Die »geistige Quintessenz« der Zeit war für ihn die Philosophie, weil es ihr gelungen sei, mit der realen Welt in Beziehung zu treten: Die Philosophen, so Marx, hätten die Hörsäle hinter sich gelassen und seien Zeitungskorrespondenten geworden. Er begann diesen Beruf zu lieben, in den folgenden zwanzig Jahren drehte sich alles bei ihm um journalistische Projekte. Die Presse, so postulierte er, müsse »die unermessliche Lücke zwischen den Regierenden und den Regierten« ausfüllen. Er begann seinen ganz persönlichen Stil zu entwickeln, mit maliziösen Wortspielen, die zynisch, sarkastisch, polemisch und dennoch amüsant waren. Dass Marx am 15. Oktober 1842 Chefredakteur der »Rheinischen Zeitung« wurde, beruhigte die Aktionäre. Er galt, obwohl erst 24 Jahre alt, als intelligent genug, das Unternehmen energisch zu leiten, und genoss Respekt.

Doch er überschätzte sich selbst und seine Fähigkeit, eine freche Zeitung zu machen, ohne Anstoß zu erregen, und er unterschätzte die preußischen Regierungsstellen, die die permanent regierungsfeindliche Linie der Zeitung nicht auf Dauer ignorieren wollten. Sein Eintreten für die Pressefreiheit als universales Menschenrecht mündete stets in einem Generalangriff gegen den autoritären preußischen Staat. Für Marx war das noch unerforschtes Terrain, er war ein radikaler Liberaler, führte – übrigens anonym – seinen Krieg gegen die preußischen Obrigkeiten, natürlich nicht als Frontalangriffe, sondern indirekt, um dem Verbot zu entgehen. Marx zeigte sich da sehr geschickt, sogar ausgewogen, er duldete nicht, dass durch die Artikel katholische Gefühle der Rheinländer verletzt würden und lehnte blindes Vorpreschen ab. Die Zensoren, mit denen er sich herumschlagen musste, waren im Grunde arme Hunde, teils überfordert, von oben schikaniert, als Beamte unbeliebt.

Marx hob vor allem seinen Artikel vom 24. Oktober 1842 über die auf den ersten Blick wenig spannenden Beschlüsse des 6. Rheinischen Provinziallandtages als bedeutsam hervor. Es ging um den Holzdiebstahl, der nun geahndet wurde, zuvor durfte die arme Landbevölkerung Reisig im Wald sammeln. Marx merkte an, dass er bei dieser Gelegenheit erstmals über materielle Interessen der Menschen geschrieben habe, bei Hegel konnte er dafür keine Anleitung finden. Marx gelang hier ein ergreifendes Bild der armen Landbevölkerung, der der hartherzige Adel mit Ignoranz gegenübertrat, und er wendete seine Staatskritik ins Prinzipielle: »Der Staat wird also auch in einem Holzfrevler einen Menschen sehen, ein lebendiges Glied, in dem sein Herzblut rollt, einen Soldaten, der das Vaterland verteidigen, einen Zeugen, dessen Stimme vor Gericht gelten, ein Gemeindemitglied, das öffentliche Funktionen bekleiden soll, einen Familienvater, dessen Dasein geheiligt, vor allem einen Staatsbürger ... der Staat amputiert sich selbst, sooft er aus einem Bürger einen Verbrecher macht.« Was die Armen, die »elementarische Klasse«, hier beansprucht, sind Existenz- und Lebensrechte, darunter auch Rechte auf Eigentum, das prinzipiell nicht privatisiert werden kann. Bei Hegel sind die Armen ein Problem für die bürgerliche Gesellschaft, weil sie die sittliche Integration des Gemeinwesens gefährden, bei

Marx werden nun eine Gesellschaft und ein Staat problematisch, weil durch ihn nicht die elementaren Bedürfnisse der Armen befriedigt, sondern die Partikularinteressen der Eigentümer vertreten werden. Eine Antwort, wie den Armen zu helfen sei, fand er allerdings nicht. Besser vertraut war er mit der Armut der Winzer im Moseltal, also aus der Gegend, aus der er stammte. 1843 schrieb er eine Artikelserie über den Preisverfall für Weine durch die Gründung des Deutschen Zollvereins und die sich daraus ergebende auswärtige Konkurrenz.

Karikatur zur Einstellung der »Rheinischen Zeitung«: Marx als von der Zensur gefesselter Prometheus

Seine Kritik mündete darin, dass er den preußischen Staatsbeamten vorwarf, nur scheinbar das Allgemeinwohl zu vertreten, sie dies aber wegen ihrer Eigeninteressen als Gruppe nicht könnten. Das war zu viel, die Artikelserie konnte nicht zu Ende erscheinen, am 31. Jänner 1843 kam es zum Erlass über die Einstellung der »Rheinischen Zeitung« mit Anfang April. Alle Proteste und Bittschriften in der Folge waren vergebens.

Respektlose Spottartikel

Es war kein Problem für Karl Marx, die Überlegenheit von Friedrich Engels in gewissen Dingen anzuerkennen, auch bei der journalistischen Arbeit. So teilten sie sich bei der von ihnen 1848 in Köln gegründeten »Neuen Rheinischen Zeitung« die Ressorts auf, Marx schrieb eher über deutsche Verhältnisse, Engels über außenpolitische und militärische Fragen. Später konnten sie selbst nicht mehr genau entscheiden, wer welchen Artikel verfasst hatte, es war üblich, keine Namenszeile zu verwenden. Für Marx und Engels war die redaktionelle Arbeit in dieser Zeitung enorm wichtig, zum ersten Mal konnten sie ungehindert ihre revolutionären Ideen, ihre Warnungen vor der Reaktion und ihre Kritik an den bestehenden Verhältnissen vor einer größeren Leserschaft ausbreiten. Es gelang ihnen in der Tat, das Blatt zu einem »bedeutenden Sprachrohr der demokratischen Bewegung« (Jürgen Herres) zu machen. Beide waren also alles andere als objektive Chronisten der Revolution, nein, sie wollten mit ihrem »Organ der Demokratie« Partei beziehen. Nachricht und Kommentar wurden nicht sauber getrennt. Engels' Spottartikel über die Frankfurter Nationalversammlung, die den Trägern der Märzrevolution teuer und heilig war, waren so respektlos, dass viele Leser aus Verärgerung die Zeitung nicht mehr kauften und Aktionäre die Flucht ergriffen. Die Glorifizierung des Juniaufstands in Paris vertrieb dann den Rest. Auf Dauer konnten die Herren in der Redaktion es sich nicht leisten, ihre Abonnenten vor den Kopf zu stoßen, obwohl Marx lieber angegriffen als ignoriert werden wollte. Es kostete ihn enorme Anstrengung, das Blatt am Leben zu erhalten. Es ist völlig unklar, wie er das geschafft hatte. Sein eigenes Vermögen in die Zeitung hineinzustecken war eine Möglichkeit, doch wir wissen, wie begrenzt dieses war. So mäßigte er den Ton und kritisierte nur noch die Vorgangsweise in Frankfurt, wo man »in aller behaglichen Stille des Gemüts über die beste Verfassung und die beste Tagesordnung« nachdenke anstatt feuerspeiend endlich die Volkssouveränität zu verwirklichen.

1849 legten sich Marx und Engels in der »Neuen Rheinischen Zeitung« mit allen an: der preußischen Regierung, den Hohenzollern bis zu den untersten Behörden, sie attackierten so kühn und hemmungslos wie im gesamten Jahr 1848 nicht. Marx übernahm persönlich die Verantwortung für die Schärfe der Artikel, täglich stand er als für den Inhalt verantwortlicher »Redakteur en chef« auf der Titelseite. Offensichtlich fühlte er sich im Rheinland sicher. Am 10. Mai 1849 erschien Marx' militanter Artikel »Die Taten des Hauses Hohenzollern«: »Wer kennt nicht die

Treuebrüche, die Perfidien, die Erbschleichereien, durch die jene Familie von Korporälen groß geworden, die den Namen Hohenzollern trägt? ... Man kennt die abgeschmackte Figur Friedrichs I., die brutale Rohheit Friedrich Wilhelms II.« Er spannte von den Kurfürsten bis in seine Gegenwart einen Bogen und verdammte 200 Jahre Hohenzollernherrschaft. Grimmig verkündete er, das Volk werde Rache nehmen an diesem »lügenhaften, feigen Landplagengeschlecht.«

Über Festungen und Rebellenleichen

Dass auf eine derart hemmungslose Attacke die Ausweisung folgen würde, war nicht schwer vorherzusehen. Marx hatte falsch kalkuliert, es gab einen Stimmungsumschwung zugunsten der Regierung, die alles wie ein Steppenbrand umstürzende Revolution ließ wieder einmal auf sich warten. Am 13. Mai musste die »Neue Rheinische Zeitung« zugeben, dass die revolutionäre Bewegung durch das Gegeneinander von republikanischen und sozialistischen Strömungen zersplittert sei, der Sieg der Reaktion war dadurch ermöglicht. So gelangten die Behörden in Köln zur Ansicht, eine Ausweisung von Marx und die Einstellung seiner Zeitung würde im Rheinland keinen Aufruhr verursachen. Am 16. Mai 1849 erhielt er die Aufforderung, Preußen zu verlassen. Die letzte Nummer der »Neuen Rheinischen Zeitung« – sie wurde rot gedruckt und war trotzig-kämpferisch wie eh und je – stellte er noch fertig: »Wir mussten unsere Festung übergeben, aber wir zogen ab mit Waffen und Bagage, mit klingendem Spiel und mit der fliegenden Fahne der letzten, roten Nummer.« (Engels) In einem Gedicht von Ferdinand Freiligrath auf der ersten Seite war zu lesen, die »stolze Rebellenleiche« werde wieder gedruckt werden, sobald das Volk an die Macht gelangt sei. Auch der Text des Ausweisungsbefehls mit einem Kommentar von Marx war auf der ersten Seite zu lesen, mit starken Sätzen: »Wir sind rücksichtslos, wir verlangen keine Rücksicht von euch.

Titelblatt der 1850 gegründeten »Neuen Rheinischen Zeitung. Politisch-ökonomische Revue«

Wenn die Reihe an uns kommt, wir werden den Terrorismus nicht beschönigen.«

Nur wenige Tage danach verließen Marx und Engels Köln. Marx ging nach Paris, wurde dort im Juli ausgewiesen und landete schließlich im liberalen Refugium der Exilanten, in London. Kaum im Exil, startete er den nächsten publizistischen Versuch. Zum allgemeinen Erstaunen in Deutschland meldete am 17. Oktober 1849 die »Westdeutsche Zeitung«: »Aus London geht uns die Nachricht zu, dass Dr. Marx binnen Kurzem eine politisch-ökonomische Revue herausgeben wird.« In der Tat erschien die Zeitschrift in Hamburg als »Neue Rheinische Zeitung. Politisch-ökonomische Revue«. Sie wurde von Marx »als großes wöchentliches Blatt nach Art der amerikanischen und englischen Wochenblätter« geplant und erlebte eine kurze, unsichere Existenz von März bis Ende November 1850. Es wurde ein Fehlschlag und eine bittere Enttäuschung, sie fand keine Abonnenten. Auch die Sympathisanten hatten genug von Analysen der fehlgeschlagenen Revolution, zu rücksichtslos war zudem die Kritik in dem Blatt.

In den 1850er-Jahren begann Marx, der sich in London isoliert fühlte und zum Rückzug aus dem aktiven politischen Leben neigte, sich für die Mitarbeit an wichtigen internationalen Zeitungen zu interessieren, in denen er politische und ökonomische Analysen bringen konnte, auf politische Agitation verzichtete er hier. Jürgen Herres hat in seiner Analyse über »Karl Marx als politischer Journalist im 19. Jahrhundert« auf die Mittlerfunktion, den Kulturtransfer durch diese Auslandsberichterstatter des 19. Jahrhunderts hingewiesen. Er nennt die Korrespondenten »Chronisten ihrer Zeit«, Flüchtlinge, Emigranten, Reisende und Abenteurer hätten diese wichtige Rolle übernommen. Prominentestes Beispiel sind neben Marx die Reiseberichte Heinrich Heines aus Paris für die Augsburger »Allgemeine Zeitung«. Fast schien sich Marx an die Sätze von Heinrich Heine zu halten, der schrieb: »Es gibt obskure Winkelblätter genug, worin wir unser ganzes Herz mit all seinen Zornbränden ausschütten können – aber sie haben nur ein sehr dürftiges und einflussloses Publikum«, da könnte man ja gleich in der Bierstube oder im Kaffeehaus vor den Stammgästen schwadronieren, »wir handeln weit klüger, wenn wir unsere Glut mäßigen und mit nüchternen Worten, wo nicht gar unter einer Maske, in einer Zeitung uns aussprechen, die mit Recht eine Allgemeine Weltzeitung genannt wird und vielen hunderttausend Lesern in allen Ländern belehrsam zu Händen kommt. Selbst in seiner trostlosen Verstümmelung kann hier das Wort gedeihlich wirken; die notdürftigste Andeutung wird zuweilen zu ersprießlicher Saat in unbekanntem Boden.«

»Teutonisch angehauchtes Englisch«

Diesen Boden fand Marx in der »New York Daily Tribune«, der damals führenden Tageszeitung in den USA mit einer beeindruckenden Auflage von weit mehr als 200 000 Exemplaren. Marx hatte den außenpolitischen Ressortchef der Zeitung, Charles Anderson Dana, im Revolutionsjahr 1848 in Köln kennengelernt, Dana war nicht nur vom Intellekt des Chefredakteurs der »Neuen Rheinischen Zeitung« entzückt, sondern auch vom Charme seiner Ehefrau Jenny und ließ die Verbindung nicht abreißen. Gründer und Herausgeber der linksliberalen New Yorker Zeitung, die gegen die Sklaverei und Klassenunterschiede ankämpfte, war der republikanische Politiker Horace Greeley, der den berühmten

Slogan »Go West, young man!« in die Welt setzte und das Zeitungsinterview erfunden haben soll. Die Zeitung setzte mit ihrer seriösen Berichterstattung Maßstäbe im amerikanischen Journalismus.

Man machte Marx das Angebot, für das amerikanische Publikum über die jüngsten Revolutionen in Europa zu schreiben, Marx sah sich aus Zeitnot und aufgrund mangelnder Englischkenntnisse noch nicht imstande, das zu erledigen, und reichte den Auftrag an Engels weiter. Der schrieb in der Folge unter Marx' Namen die auch in Buchform erschienene Artikelserie mit dem Titel »Revolution und Konterrevolution in Deutschland.« Die amerikanische Zeitung stellte Marx als »one of the clearest and most vigorous writers that Germany has produced« vor, möglicherweise lasen die Bezieher der Zeitung in den USA zum ersten Mal so seltsame Wörter wie »proletariat« und »bourgeoisie«. Daraus wurde ein fixes Engagement über zehn Jahre hinweg, das dauerhafteste, das Marx in seinem Leben erreichen sollte.

Ab der zweiten Jahreshälfte 1852 schrieb Marx die Artikel selbst – in seinem »teutonisch angehauchten Englisch« (Jonathan Sperber). Er schrieb über den Krimkrieg und die sich daraus ergebende außenpolitische Konstellation für die europäischen Mächte, die Kolonialkonflikte des britischen Empire in Asien wie den Opiumkrieg gegen China und die Rebellion der Inder sowie über die wirtschaftliche Rezession und ihre Ursachen und Folgen. Marx erwarb sich durch diese Korrespondententätigkeit eine große Detailkenntnis europäischer Politik. Besonders sein Artikel über den Krimkrieg erregte gewaltiges Aufsehen. Für die Linke war der Krieg eine Gelegenheit zum Sturz des verhassten autokratischen Zarismus, Marx war maßlos erzürnt über die Zaghaftigkeit Englands in dieser Frage und beschuldigte Premierminister Lord Palmerston, ein vom Zaren bezahlter russischer Agent zu sein. Das war eine reine Verschwörungstheorie, sogar Marx' politische Weggefährten schüttelten darüber den Kopf.

Marx wurde in der Folge ein hochbezahlter und geschätzter Autor, einer von achtzehn Auslandskorrespondenten der »Tribune«, der nicht nur über deutsche Verhältnisse, sondern über alle Aspekte der Weltpolitik schreiben durfte und so erstmals auch eine außereuropäische Öffentlichkeit erreichte. Die Artikel gelten als »journalistische Glanzstücke« (Jürgen Herres), sind also weit entfernt von bloßer Lohnschreiberei. Marx selbst sah darin positive Seiten für seine wissenschaftliche Beschäftigung: »Meine nun achtjährige Mitarbeit an der ersten Englisch-Amerikanischen Zeitung ... machte, da ich mit eigentlicher Zeitungskorrespondenz mich nur ausnahmsweise befasse, eine außerordentliche Zersplitterung der Studien nötig. Indes bildeten Artikel über auffallende ökonomische Ereignisse in England und auf dem Kontinent einen so bedeutenden Teil meiner Beiträge, dass ich genötigt ward, mich mit praktischen Details vertraut zu machen, die außerhalb des Bereichs der eigentlichen Wissenschaft der politischen Ökonomie liegen.«

Der »Tribune« wurde Marx' »meal ticket«, die Zeitung half mit, die Familie zu ernähren und aufgelaufene Schulden zu tilgen. Ende 1853 war Marx optimistisch, über die Runden zu kommen, und bedauerte, nicht schon früher journalistisch gearbeitet zu haben. Endlich konnte man sich an den Wochenenden ein gepflegtes Picknick leisten, 1856 zog die Familie in ein bequemeres Zuhause. Doch das vereinbarte hohe Honorar aus den USA (200 Pfund pro Jahr) wurde schon ein Jahr darauf halbiert, der Zeitung ging es nicht mehr so gut. Die Wirtschaftskrise, die nach Marx' Theorie die Revolution heraufbeschwören sollte, brach 1857 aus und erfasste nach ihrem Beginn in den USA den gesamten Globus. Marx reagierte euphorisch, endlich war das Ereignis, das er so oft prophezeit hatte, da, doch zunächst einmal minderte es sein Einkommen und stürzte ihn wieder ins Elend. Es stellte sich überraschend rasch heraus: Der Journalismus war doch nicht imstande, die alten Schulden abzubauen und die Familie zu ernähren.

»Irgendein literarisches business«

Zur Wiener »Presse« kam Karl Marx über Ferdinand Lassalle. Der 1825 als Sohn einer Breslauer jüdischen Familie geborene Lassalle bewunderte Marx, er war 1848 im Rheinland einer der wichtigsten Agitatoren, schrieb auch Artikel für die »Neue Rheinische Zeitung« und konnte nach der Niederschlagung der Revolution dank guter Beziehungen in Berlin bleiben, während die meisten seiner Mitstreiter zur Emigration gezwungen wurden. Mit der Zeit traten die politischen Meinungsverschiedenheiten zwischen Marx und Lassalle stärker hervor, doch zunächst waren die Beziehungen gut. Lassalle war für Marx der wichtigste Verbindungsmann zur deutschen Heimat und trieb auch in Notfällen Geld auf. Marx schnorrte ihn immer wieder an, zum Beispiel am 4. April 1859: »Lieber Lassalle, Alle meine Versuche, das Geld aufzutreiben, sind gescheitert. So unangenehm es mir ist, Dich – da dein eigner Beutel momentan ebbt – anzugehn, bleibt mir keine andre Wahl. Wenn Dir 20 Friedrichsdor zu viel ist, schicke weniger. Salut Dein K.M.«

In seiner schlesischen Heimat hatte der junge Lassalle gemeinsam mit seinem um vier Jahre jüngeren Cousin Max Friedländer Rechtswissenschaften studiert. Friedländer wurde anschließend Redakteur der »Neuen Oder-Zeitung«, einer demokratischen Zeitung, die von der Regierung wegen ihrer politischen Haltung ständig schikaniert wurde und nur mit Mühe über Wasser zu halten war. Friedländer und seine Kollegen taten alles, um eine Zeitung herzustellen, für die sie sich nicht zu schämen brauchten.

Marx knüpfte 1855 auf Vermittlung Lassalles Kontakt mit der Redaktion: »Ich hatte Lassalle aufgefordert, ob er irgendein literarisches business in Deutschland für mich auftreiben könne, denn in regard der veränderten Einnahmen und der vermehrten Ausgaben muss ich Ernst machen.« Er sollte also Korrespondent für Friedländers Blatt werden, für 20 Taler monatlich (»Die Summe ist miserabel«), die er schließlich auf 30 hinaufhandeln konnte: »Ich unterstelle aber, dass die Burschen mit 3 Korrespondenzen in der Woche zufrieden. ... Ich kann, da ich kein Geld, um Bücher zu kaufen, unmöglich für 30 Taler meinen Studien auf dem Museum Valet sagen. So unangenehm mir die Sache, habe ich sie zur Beruhigung meiner Frau angenommen. Ihre Aussichten sind allerdings trübe.« So erschien am 2. Jänner 1855 sein erster Artikel in der »Neuen Oder-Zeitung«, 133 weitere folgten, eine angesichts der Umstände beachtliche Leistung. Doch Ende des Jahres ging es mit der Zeitung bereits zu Ende.

Max Friedländer war auf Jobsuche, so verschlug es ihn, er war da erst 26 Jahre alt, nach Wien. Hier gab es ein Blatt, das exakt in der Mitte des Revolutionsjahres 1848 gegründet worden war und in der Zeit der politischen Restauration immer noch existierte. Das war nicht selbstverständlich. Die meisten Publikationen, die nach der Aufhebung der Zensur im März 1848 in Wien das Licht der publizistischen Welt erblickten und Gott und der Welt ihre Gedanken präsentierten, verschwanden oft nach einigen Tagen, Wochen oder Monaten bereits wieder von der Bildfläche. Viele von ihnen waren auf einem katastrophalen Niveau und verdienten kein anderes Schicksal. Nicht so »Die Presse«, die zwar einen ganz und gar unscheinbaren, einem französischen Vorbild entlehnten Titel trug, aber anders als die Konkurrenz nicht von Dilettanten gemacht wurde. Sie vertrat eine politisch-gemäßigte Haltung, die die lauthals propagierten Extrempositionen verabscheute, und sie vertrat diese Positionen in einer seriös-konservativen Aufmachung und einer anspruchsvollen Sprache. Der Erfinder dieser Zeitung, ein Herr August Zang, gebürtiger Österreicher, vormals Bäckermeister in Paris, war durch den Zeitungsboom im Revolutionsjahr nach Wien zurückgelockt worden und wurde hier bald zum berühmten und umstrittenen Herausgeber.

»Die Presse« übersteht das Revolutionsjahr

Die Zeitungsleichen, die den Weg der »Presse« in der Folge säumten, sind Legion. Mehrere Male, wenn die Wogen des Revolutionsjahres besonders hochgingen, drohte das Flaggschiff der gemäßigt-liberalen Publizistik, eingekeilt zwischen der Scylla der reaktionären Regierungspolitik und der Charybdis der feindseligen linksrepublikanischen Konkurrenzblätter, ebenfalls zu kentern. An einen geradlinigen Kurs war unter diesen Umständen nicht zu denken, es ging vor allem ums Überleben. August Zang, der diese strategische Meisterleistung schaffte, war eben nicht nur ein inspirierter und ungemein moderner Verleger, sondern auch ein recht brutaler Geschäftsmann. Seine »Presse« musste Gewinne abwerfen, sonst wäre sie für ihren Gründer uninteressant geworden.

Doch all die verlegerischen und kommerziellen Talente hätten nicht ausgereicht, wenn die Zeitung nicht in einer breiten bürgerlich-gebildeten, gemäßigt-liberalen Leserschicht ein Stammpublikum gefunden hätte. Diese treuen »Presse«-Leser waren durch die Ereignisse von 1848 nachhaltig politisiert worden und machten ihre Zeitung in den 1850er-Jahren trotz der geistigen Knebelung durch den Neoabsolutismus zum größten und einflussreichsten Journal der Monarchie. Mit Erstaunen nahm Karl Marx in seinem Londoner Exil zur Kenntnis, dass dieses Wiener Blatt 26 000 Abonnenten hatte. Der Hunger nach seriöser Information in den politisch interessierten Kreisen war offensichtlich so groß, dass Zang auch über die Revolutionstage hinaus die Symbiose von großer Auflage und hohem Niveau schaffte.

Es ging der Zeitung darum, eine der wichtigsten Errungenschaften der Revolution, die Pressefreiheit, gegen einen Wust von Zivilprozessen, Zensurbestimmungen, Konfiskationsdrohungen und bürokratischen Schikanen zu behaupten, ein Tauziehen, das in Österreich erst mit dem »Preßgesetz« von 1862 ein Ende fand. August Zang hatte da bereits das Interesse an der Herausgeberschaft der »Presse« verloren, er war Spekulant geworden und in die Politik gewechselt, 1856 avancierte er zum Wiener Gemeinderat. Die Redaktion hatte er in die Hände der beiden glänzenden Journalisten Michael Etienne und Max Friedländer gelegt. Und ebendieser Friedländer erinnerte sich nun an den Kollegen Karl Marx aus der Zeit der »Neuen Oder-Zeitung« und beschloss, das alte Band neu zu knüpfen und ihn als Korrespondenten für die »Presse« anzuwerben.

Ein erstaunlicher Entschluss: Die Leser des unzweifelhaft dem liberalen Bürgertum verpflichteten Blattes sollten ihre Informationen vom Kopf der kommunistischen Bewegung aus London beziehen. Und dieser Mann, das wusste man auch in Wien, war sicherlich kein Liberaler, von ihm stammten radikale Kampfansagen an dieses liberale Bürgertum, er unterhielt von London aus Kontakte zu Aufrührern und Revolutionären aller Herren Länder. Und was noch erstaunlicher war: Es war nicht der unter ständigen materiellen Nöten leidende exilierte Berufsrevolutionär, der sich an das bürgerliche Blatt mit der Bitte um Mitarbeit wandte, sondern es war umgekehrt. Marx wurde von den Wienern ersucht, sie aus London mit Korrespondenz zu versorgen. Friedländer wusste Bescheid darüber, wie viele Klippen es da zu umsegeln galt, welche Vorbehalte zu überwinden waren, nicht zuletzt solche, die der Herausgeber Zang selbst zuletzt äußerte. Der verlangte schließlich, hellhörig geworden, sogar, man möge ihm einige Probeartikel aus der Hand des Herrn Dr. Marx vorlegen. Probetexte von einem Mann, der in ganz Europa als Verfasser des »Kommunistischen Manifests« bekannt und seit zwei Jahrzehnten publizistisch tätig war! Doch Marx fügte sich ohne Protest.

Ein Linker für das Bürgerblatt?

Friedländer, der merkte, dass er vorsichtig agieren musste, wusste, dass Marx ein glutvoller Schreiber war, wenn man ihn nur zu den richtigen Themen zu führen wusste, er bewunderte ihn sehr und war stolz auf die Idee, diesen Mann für die »Presse« zu gewinnen. Spielte auch ein gewisses redaktionelles Trägheitsprinzip mit, das Friedländer veranlasste, sich einen Korrespondenten auszuwählen, mit dem er bereits einmal zusammengearbeitet hatte und von dem er sich daher wenig Probleme erwartete? Natürlich liegt auch die Vermutung nahe, dass der junge Friedländer mit seinem familiären und politischen Hintergrund selbst heimlich mit radikalen Positionen sympathisierte und in der Redaktion der »Presse« eine linkere Blattlinie wollte, als es der Kapitalist Zang zuließ.

Er versäumte daher nicht, Marx in Schalmeienklängen darauf hinzuweisen, dass die »Presse« »das demokratischeste Journal Österreichs, in jeder Beziehung der Regierung hartnäckig feindlich entgegenstehend und gerade diesem Umstand ihre große Blüte verdankend« sei. Außerdem dürfe der Korrespondent beim Inhalt seiner »Briefe«, wie Friedländer die Artikel nannte, beliebig wählen: Gott und die Welt, heute das, morgen dies. Alles, was interessant erscheint, täglich oder dann wieder auch vier Wochen gar nichts. Jedenfalls lasse es die Zeitung »in materieller Hinsicht an keinem Kostenaufwand fehlen und möchte daher auch gerne die ausgezeichnetsten geistigen Kräfte für sich benützen«. Gleichzeitig bat Friedländer auch Ferdinand Lassalle, Korrespondenzen aus Berlin über die deutschen Zustände zu schreiben. Die Möglichkeit, die preußische Wirtschaft und Regierung so »bitter und vernichtend zu kritisieren, wie er wolle«, weil in Bezug auf Preußen die »Presse« sehr weit gehen könne, hatte insofern Verlockendes für Lassalle, als in Berlin und ganz Preußen sicherlich keine Zeitung zu finden war, in der das möglich war. Doch Lassalle hatte prinzipielle Bedenken wegen der liberalen Ansichten des Blattes.

Auffallend ist jedenfalls, dass Marx mit keiner Person bei der »Presse« Kontakte unterhielt außer mit Friedländer, obwohl dieser nach der Aufteilung der redaktionellen Kompetenzen für Wirtschaft und Innenpolitik zuständig war, während das für die Korrespondenten zuständige Auslandsressort von Michael Etienne geleitet wurde. Friedländer machte durch die Vermittlung Lassalles die Londoner Adresse von Karl Marx ausfindig, seine Briefe aus Wien tragen alle die Anrede »Sehr geehrter Herr und

Freund«, und versuchen immer wieder, von 1856 an, den klugen, faszinierenden Kopf der linken Bewegung zur Mitarbeit am Bürgerblatt zu gewinnen. An Friedländer lag es nicht, warum sich das Vertragsverhältnis immer wieder hinauszögerte, es lag doch eher an Marx, den immer wieder die heikle Frage nach der politischen Linie des Blattes umtrieb. Der Emigrant, wiewohl ständig in Geldnöten, konnte es nicht über sich bringen, einzig um des Geldes willen dort mitzuarbeiten, wo seine Ideale nicht geschätzt wurden, und verlangte Proben der »guten« Gesinnung der Wiener Zeitung.

Verlockend war natürlich, dass der Ruf dieser Zeitung in Europa durchaus gefestigt war, sie galt als das Sprachrohr der Gesellschaft, die für Österreich stand, ein Blatt von Niveau und Bedeutung über ihre Stadt hinaus, eine Zeitung, in der die Meldungen vom Geschehen in aller Welt etwas früher und etwas ausführlicher als in den Konkurrenzprodukten zu lesen waren. Auch eine Zeitung, in der der Verleger sein Geschäft verstand und wusste: Nach gewissen Nachrichten gibt es Bewegungen an der Börse, und da muss man aufpassen. Leitartikel dürfen mitunter auch originell sein, besser ist es aber, wenn sie darauf achten, die Ansicht des Lesers vorauszuahnen und in guter Form zu präsentieren. Ist das etwas für Karl Marx? Beide Seiten hätten eigentlich wissen müssen, dass die Geschichte nicht gut ausgehen konnte.

Wes Geistes Kind ist die »Presse« eigentlich?

Finanziell erwartete sich Marx, wie aus einem Brief an Engels vom April 1859 hervorgeht, einiges von der Korrespondententätigkeit für die »Presse«: »Meanwhile habe ich Anstalten getroffen, die in kurzer Zeit meine Einnahmen verdoppeln werden und damit dem eingerosteten Dreck ein Ende machen. Lassalles Vetter, Friedländer, jetzt Redakteur der ›Presse‹ in Wien (die, en passant, 24000 Abonnenten hat), hatte mir Januar 1858 Korrespondenz an seinem Blatt angeboten. Ich schlug es damals ab, weil

Exemplare der »Presse« aus dem Jahr 1848

er als Bedingung setzte, dass Palmerston nicht angegriffen werden sollte, sondern nur Bonaparte. Jetzt, all conditions laid aside, hat er das Angebot erneuert.« (Mit Palmerston war der liberale britische Premier gemeint, den Marx verabscheute.) Freilich, das ständige Telegrafieren sei teuer, da müsse er noch nachverhandeln. Und die Zeit dränge, mittlerweile sei der Zins »für unser Hauptsilberzeug, Uhren etc. fällig«, seine Frau habe ohnehin schon in dreiwöchigen Verhandlungen mit dem Pfandleiher einen Aufschub erwirkt. »Wenn der Friedländer mir die Presse schickt, so dass ich zuvor sehe, wes Geistes Kind sie ist, und wenn die Kerls einen bloßen wöchentlichen Money article von mir wollen, wofür sie dann natürlich blechen müssten, könnte ich allenfalls auf die Sache eingehn. Von Politics kann keine Rede in diesem case sein.« (Brief an Engels)

Noch im Februar 1859 bleibt Marx in einem Brief an Lassalle dabei: Die politische Linie der »Presse« entspreche so wenig der seinen, dass nur ein wöchentlicher Artikel über Handel und Finanzwesen Englands, Frankreichs und der USA sinnvoll sei: »Es ist die Form, worin ich absolut politisch nichts mit der ›Presse‹ zu tun hätte.« Er frage sich nur, ob das die Wiener Leser hinlänglich interessiere, außerdem sei er völlig im Ungewissen, »ob my principles es überhaupt erlauben, an dem Blatt zu arbeiten. However that may be, danke Deinem Vetter in meinem Namen, dass er so freundlich war, an mich bei der Gelegenheit zu denken.« Am 28. März 1859 schrieb Marx an Lassalle, er nehme das Angebot der »Presse« an, die finanziellen Umstände seien zwar nicht so günstig für ihn wie ursprünglich angenommen, aber immer noch »respectable«. Ehefrau Jenny hatte ihn zuvor gewarnt, die Erwartungen nicht allzu hoch anzusetzen: »Mein Herzens Karl, Ich hoffe, dass du mit dem Friedländer zu einem fixen point of fact kommst, viel ist bei einem deutschen Blatt nie herauszuschlagen ... Das höchste, was bei der ›Presse‹ herauszuschlagen ist als average maximum, werden zwei Pfund sein, darüber täusche dich nicht. Engels sagt sicher, ›da kannst Du wenigstens 10 Pfund die Woche machen‹, solche Selbsttäuschungen sind momentan sehr angenehm, fallen aber in der Wirklichkeit schlecht aus.«

Doch genauso heikel wie das Finanzielle war das Politische, Friedländer versäumte nicht darauf hinzuweisen: »Was zunächst Ihre Korrespondenz betrifft, so habe ich nur nötig, Sie auf die sehr gemessenen Rücksichten aufmerksam zu machen, die uns die hiesigen Verhältnisse auferlegen. ›Die Presse‹ ist ein liberales Blatt, aber nur soweit dies zu sein in Österreich gestattet ist. Das vergessen Sie keinen Augenblick und ich glaube, die Lektüre unseres Blattes, das Sie auf Ihren Wunsch regelmäßig erhalten, wird Ihnen hiefür sowie für Ton, Länge usw. der Briefe die beste Richtschnur sein. Da Sie Neuigkeiten nicht schreiben werden, so werden wir uns für die Regel mit wöchentlich einem Brief von Ihnen begnügen, was nicht ausschließt, dass Sie bei besonderen Veranlassungen nach Ihrem Ermessen öfter schreiben. Das Honorar pro Brief ist für Sie ausnahmsweise zwanzig Francs.«

Ein gutes Honorar, kein Zwang zur nachrichtlichen Berichterstattung, dezente Rücksicht auf die Leserschaft – um so einen Korrespondentenvertrag hätten ihn viele Schreiber in Europa beneidet. Marx zeigte sich befriedigt und begann nun, Sympathien für »Die Presse« zu entwickeln: »Die Wiener ›Presse‹ ist für ein östreichisches Blatt unter gegebenen Umständen geschickt und anständig redigiert«, schrieb er an Lassalle. Es konnte also nun endlich losgehen. Seine letzten Bedenken wurden ausgeräumt, als die »Presse« ihre positive Haltung zum liberalen Ministerpräsidenten Anton Ritter von Schmerling, dem Vater der Verfassung, aufgab. Zang soll gesagt haben: »Ich habe ihn auf den Ministersessel gebracht, ich werde ihn auch wieder herabwerfen.« Historiker mögen es umgekehrt sehen, Schmerling zeigte Aversionen gegenüber der Zeitung und trieb sie so in eine abwehrende

Haltung. Doch für solchen Durchblick war London zu weit weg.

Auch das »Politische« war nun also geregelt: Weil die Wiener Redaktion es aufgegeben habe, ihm Bedingungen »in Bezug auf die Behandlung besondrer politischer Charaktere« zu stellen. Er habe schließlich seine Prinzipien: »Es ist absolutes Prinzip bei mir, nie auf eine Bedingung mich einzulassen. Auf Takt des Korrespondenten kann andrerseits jede Zeitung Anspruch machen.« Weiters sei es in Zeiten wie diesen notwendig, dass »unsre Partei« wo immer möglich mit ihrer Position präsent sei, und sei es nur deswegen, damit sich nicht andere des Terrains bemächtigten. Man könne nicht zusehen, wie der sogenannte »Public Opinion« nur von den Konterrevolutionären bestimmt werde. Man müsse, so Marx, zunächst eben Konzessionen machen und sich den Einfluss für den entscheidenden Moment der politischen Umwälzung rechtzeitig sichern. Der politische Gärungsprozess habe ja schon längst begonnen, »Gift infiltrieren wo immer, ist nun ratsam«.

Warum antwortet der Esel aus Wien nicht?

Marx bat Friedländer sogar, ihm einige der Exemplare der »Presse« zuzusenden (»aus dem Blatt selbst muss man sehn, wie man für das Wiener Publikum zu schreiben hat, nicht was«). Doch die Zeitungen kamen nicht an, »wahrscheinlich wegen falscher Adresse«. Außerdem ließ man in Wien den Londoner Korrespondenten einige Wochen in Ungewissheit, was diesen sehr verärgerte: »Ich habe auf meinen Brief an Sie, nun schon mehrere Wochen alt, keine Antwort erhalten. Sollten etwa die derangements des Wiener Geldmarkts das beabsichtigte Arrangement vereitelt haben, so bitte ich, mich umgehend davon zu unterrichten ... Ihr ganz ergebener Karl Marx«, schrieb er am 16. Mai 1859. Wenige Tage danach ärgert er sich noch immer: »Der verfluchte Jude von Wien schreibt auch nicht.« Immerhin erhielt er nun regelmäßig Ausgaben der »Presse« nach London, erstaunlich, wenn man bedenkt, wie knausrig die Zeitung mit Freiabonnements umging, sie waren hilfreich insofern, »als sie mir die östreichischen Zustände in diesem wichtigen Moment« darlegten. Weit weniger höflich sein Ton über Max Friedländer im selben Monat, er nennt ihn mehrmals »Esel«, er rede von einem Vorschuss, was »nonsense« sei angesichts der Ausgaben für die Telegramme, außerdem habe er vergessen, ihm ein Bankierhaus anzuweisen, doch »bisher noch keine Antwort, obgleich er mir die Wiener ›Presse‹ (hat jetzt, wie ich aus ihr selbst sehe, 26 000 Abonnenten) regelmäßig zuschickt.«

Realistisch betrachtet war für Marx 1861 der Vertrag mit der »Presse« eine Überlebensfrage: »Ich muss auf die Sache eingehen, car il faut vivre«, schrieb er am 10. Juni 1861. Das Wasser stand ihm bis zum Hals. Der amerikanische Bürgerkrieg hatte dazu geführt, dass die »New York Daily Tribune« ihr europäisches Korrespondentennetz vernachlässigte, was seine Einkünfte merklich verringerte. So erschien denn am 25. Oktober 1861 ein erster, überlanger Artikel von ihm in der »Presse« über den amerikanischen Bürgerkrieg. Auf die Bedürfnisse der Wiener Zeitungsmacher wurde in dieser weitschweifigen Analyse wenig Wert gelegt, das blieb auch so. Mit Ausnahme einiger polemischer und hasserfüllter Kommentare lieferte er großteils brillant formulierte ökonomische und politische Analysen über die Baumwollkrise, das englische Eisenbahnwesen, Mexiko, neue Methoden der Brotproduktion und immer wieder den amerikanischen Bürgerkrieg. Er schrieb über die britischen Presseverhältnisse, von denen ihm geradezu übel wurde, über die Meetings von Londoner Arbeitern, über die Frage, ob sich Großbritannien in den Überseekonflikt einschalten sollte, trocken, aber fundiert referierte er über Kriegführung und Rüstung. Dem aufmerksamen Leser entgeht nicht, dass es teilweise nur notdürftig als Analysen getarnte polemische Leitartikel sind, liest er ganz genau, auch die Nebensätze, merkt er auch, dass hier kein »Bourgeois« für ihn schreibt. Doch in Wien brüstete man sich, einen der hervorragendsten deutschen

Schriftsteller als Korrespondenten zu haben, allerdings ohne Namensnennung. Man wird den Namen Karl Marx beim Durchblättern der Zeitungen 1861 und 1862 nirgends als Autor eines Beitrages finden.

Zu lang, zu weitschweifig, zu uninteressant

Zugang zu britischen Politikern hatte der Journalist Marx nicht, er stützte seine Artikel vor allem auf Zeitungsberichte und Statistiken, er schrieb keine einzige Reportage, Menschenschicksale, das Individuelle, interessierten ihn nicht. Friedländer wagte eine Kritik, gleich nach dem ersten erschienenen Artikel: »Aus dem heutigen Blatte entnehmen Sie, dass wir Ihren Brief durchaus unverändert an der Spitze und mit einer besonderen Reklame für den Verfasser abgedruckt haben. Indessen kann ich Ihnen nicht verhehlen, dass die Aufnahme eines Artikels dieser Länge für uns nur ganz ausnahmsweise zulässig ist. Wir müssen uns hinsichtlich der ausländischen Angelegenheiten sehr knapp halten und Sie wollen Ihre Briefe auf das Maß von vier Seiten Ihres Manuskripts als Maximum beschränken. Ich denke, dass Sie sich leicht darauf einrichten werden. Außer den amerikanischen wünschen wir von Ihnen viel mehr englische Berichte, in der Ihnen so geläufigen Form, wie Sie solche einst der Oder-Zeitung schickten. Vielleicht senden Sie uns auch hie und da etwas für das Feuilleton. Ich enthalte mich absichtlich jeder Andeutung über Ihre Auswahl und meine, durch die Praxis werden wir uns am besten verstehen lernen.«

Offensichtlich war Friedländer enttäuscht, war aber um eine freundliche Antwort bemüht. Die Hoffnung, Marx würde für das Feuilleton etwas gehobenes Literarisches liefern, wurde nie erfüllt. Marx merkte bereits am 9. Dezember 1861, dass seine Einnahmen unter den Erwartungen lagen, »da die Lausekerls von der ›Presse‹ einen Teil meiner Artikel nicht drucken. Ich muss mich natürlich erst daran gewöhnen, innerhalb der ›Grenzen der deutschen Vernunft‹ zu handeln. (Nebenbei aber machen sie in ihrem Blatt großes Wesen von meinen Beiträgen.) Was ich zu zahlen habe (Pfandhauszinsen etc. inbegriffen), beläuft sich auf 100 Pfund. Es ist merkwürdig, wie der Ausfall aller Einnahmen, zusammen mit nie ganz angetragenen Schulden, trotz aller Detailhülfe immer wieder den alten Dreck aufschwemmt ... Bin ich aus dieser Scheiße heraus, so kann ich mit New York und Wien wieder wenigstens vegetieren.«

Doch leider war es nicht so einfach für ihn, aus der »Scheiße« der Verschuldung herauszukommen, auch nicht durch die »Presse«-Honorare: »Die lausige Presse druckt kaum die Hälfte meiner Artikel. Es sind Esel«, schrieb er am 27. Dezember 1861 an Engels. In Wirklichkeit ist das Korrespondentenlos, das Marx in seinen Briefen so bitter beklagt, nichts Außergewöhnliches. Nie wusste der Mann in London, was man gerade jetzt in Wien von ihm erwartet, umgekehrt war man in der Wiener Redaktion nicht willens oder fähig, sich in die besondere Situation des Zulieferers hineinzuversetzen. Wählte man als Verbindung das Postboot, war schon wieder viel passiert, bis da einer vom anderen erfuhr. Der elektrische Telegraf für die internationale Kommunikation war bereits erfunden, 1851 verband das erste Unterwasserkabel England und Frankreich. Doch die Telegrafie war kostspielig und noch recht umständlich. Karl Marx musste sich dem Rhythmus der Post nach dem Kontinent anpassen. Was dann in Wien ankam, war oft nicht das, was man sich erhofft hatte.

So verschwinden Artikel, die nicht in den ersten Tagen nach Einlangen ins Blatt genommen werden, für immer, und zwar nicht im Archiv, sondern im Papierkorb. Franz Endler, österreichischer Journalist und Kenner der »Presse«-Geschichte, vermerkte dazu räsonierend: »Im Fall Karl Marx allerdings ist diese Situation doch etwas anders (als bei den übrigen Korrespondenten). Es wird einmal eine Forschung geben, die jede Zeile Marxens sammelt und aufbewahrt und kommentiert, sie wird – bis zu einem gewissen Grad weiß das Marx 1861 durchaus schon – die Spur der

Gedanken dieses Mannes auch in den kleinsten und den flüchtigsten Schriften suchen, und sie wird, das bringt die Zeit mit sich, zu einer Flut von Diskussionen führen. Dass da ein Krümel weggeworfen werden kann, ist Nachgeborenen schlechthin nicht mehr begreiflich. Nur Zeitungsleute wissen, wie das ist, wenn einer aus New York oder London zu viele Seiten schreibt und das Blatt schon bis zum Rand mit Wichtigem, mit angeblich Aktuellem voll ist. Da hilft nur eines, der Papierkorb. In diesem landen 1861 viele Gedanken Karl Marxens, die anderswo nicht nachzulesen sind.«

Was wollen die österreichischen Bourgeois lesen?

Dennoch bleibt die Hochachtung in der Wiener Chefredaktion unverändert. Der gute Friedländer ermunterte Marx zu Jahresbeginn 1862 mit wohlwollenden Worten, er ermahnte ihn, Themen zu meiden, die dem österreichischen Publikum gar so ferne lägen, wie etwa die Probleme Mexikos, sich weiters nicht in einem Thema zu verlieren, sondern straffer zu formulieren. Doch nach anfänglichen Fehlgriffen hätte sich die Themenwahl ohnehin verbessert: »Ich lade Sie daher ein, nun in dieser Weise fortzufahren und dabei stets auf ein österreichisches Bourgeoispublikum Bedacht zu nehmen sowie die Raumverhältnisse unseres Blattes zu respektieren. Vielleicht passt es Ihnen einmal, auch etwas für unser Feuilleton zu senden.«

Nein, das passte dem London-Korrespondenten nicht, so brachte er immer weniger Artikel unter. Nur einmal erschien ein echtes Feuilleton mit dem Titel »Englisch«, eine sehr lesbare und amüsante Episode aus der Londoner Oberschicht (ein Künstler prozessierte gegen einen Londoner Nobelschneider, weil ihm die bestellten Röcke nicht passten). Im Artikel »Ein Verleumdungsprozess« befasste sich Marx mit Schuldeneintreibern, kein Wunder, dass ihm dieser Beitrag gut gelang. Doch Marx hat nicht das Zeug zum Dickens, die ergreifendsten Schilderungen des

Karl Marx: ein von sich und seinen Texten überzeugter Journalist – hier mit Friedrich Engels in der Druckerei der »Neuen Rheinischen Zeitung«

Londoner Alltags finden sich nicht in seinen Briefen nach Wien, sondern in den Bettelbriefen nach Manchester, an seinen Freund Engels. Am 25. Februar 1862 war für ihn klar: »Die Wiener ›Presse‹, wie unter den jetzigen deutschen Lauseverhältnissen vorherzusehen, ist nicht die Kuh, die sie sein sollte. Angeblich erhalte ich 1 Pfund per article. Da die Kerls aber von 4 Artikel vielleicht nur 1 drucken und oft keinen, so kommt verdammt wenig heraus außer Zeitverlust und Ärger, dass ich auf die Spekulation schreiben muss, ob oder ob nicht besagter Artikel das Imprimatur einer gnädigen Redaktion erhält.«

Der Sommer 1862 war schrecklich für Marx, im April 1862 hatte die »New York Daily Tribune« zur Gänze auf seine Mitarbeit verzichtet, er verlor so seine Haupteinnahmequelle und drohte auf der Straße zu landen. Anlässlich der Weltausstellung wimmelte es in London von betuchten Besuchern, die Wiener Redaktion schlug ihm vor, doch Reportagen aus dem Weltausstellungsgelände zu liefern. Daraus wurde nichts. Hatte Marx vielleicht nicht einmal die passende Garderobe, um eingelassen zu werden? Für Kommunisten war die »Internationale Ausstellung« überhaupt eine schamlose Verehrung des Mammons. Von allen

Gästen wurde eine Saisonkarte verlangt, es war ein Paradekostüm vorgeschrieben wie für einen Hofball. Friedländer besuchte ebenfalls in diesem Sommer London. Wir wissen nicht, ob es zu einer Begegnung mit Marx kam. Hat sich der Chefredakteur aus Wien bereits nach einem Nachfolger für den Korrespondentenposten umgesehen? Allmählich begann Mitte 1862 Julius Rodenberg Artikel für die »Presse« aus London zu liefern, die für die Leser der Zeitung viel mehr geeignet waren als die inhaltsschweren Analysen von Marx.

Hier schrieb einer Feuilletons, wie man sie in Wien liebte, wenn hier die Themse beschrieben wurde, mischten sich keine Hinweise auf die organisierten Arbeiterdemonstrationen hinein. Die Beiträge, die Marx sandte, erschienen nur noch sporadisch, es ging um den Feldzug von Garibaldi und in einem großartigen Artikel schrieb er über die Fortschritte der modernen Bäckerei. Eine Hommage an den Zeitungsgründer und Backunternehmer August Zang? Auch hier ging es nicht ohne scharfe Sozialkritik ab: »Selbst die vornehmsten Bäckereien sind nicht frei von ... eklen Widerlichkeiten, aber sie erreichen einen unbeschreiblichen Grad in den Backhöhlen, die das Brot der Armen liefern, wo auch die Verfälschung des Mehls durch Alum und Knochenerde sich am freiesten ergeht.«

Wien zahlt nur »Lausegeld«

Der Brief von Karl Marx vom 18. Juni 1862, in dem er Engels wieder einmal um Geld bat, zeugte von einer verzweifelten Situation: »Es ist mir höchst ekelhaft, Dich wieder von meiner misere zu unterhalten, aber que faire? Meine Frau sagt mir jeden Tag, sie wünschte, sie läge mit den Kindern im Grab, und ich kann es ihr ehrlich nicht verdenken, denn die Demütigungen, Qualen und Schrecken, die in dieser Situation durchzumachen sind, sind in der Tat unbeschreiblich. ... Das Lausegeld von Wien geht erst Ende Juli ein und wird verdammt wenig sein, da die Hunde nicht einmal wöchentlich 1 Artikel jetzt drucken. ... Die armen Kinder tun mir umso mehr leid, als dies alles in dieser Exhibition season vorfällt, wo ihre Bekannten sich amüsieren und sie nur Schrecken durchmachen, dass nur niemand sie besucht und den Dreck anschaut ... Kein Mensch besucht mich, und das ist mir lieb, denn die Menschheit, die hier ist, kann mich -. Schönes Gesindel. Salut. Dein K.M.« Man wird daran erinnert, dass in diesem Jahrzehnt in London auch Charles Dickens' Roman »Great Expectations« erschien, seine große Abrechnung mit der von Materialismus und Moralheuchelei geprägten viktorianischen Gesellschaft.

Der letzte »Presse«-Artikel von Karl Marx erschien am 4. Dezember 1862 und beschäftigte sich wie der erste vierzehn Monate zuvor mit dem amerikanischen Sezessionskrieg (»Englische Neutralität – Zur Lage in den Südstaaten«). Viele Jahrzehnte wird es nun dauern, bis die Forschung endlich weiß, was Marx für die »Presse« geschrieben hat, bis dahin liest man immer falsche Angaben.

Ein Russe, kein Österreicher war es, der das seltsamste Kapitel der österreichischen Zeitungsgeschichte ans Licht gebracht hat. 1912 erschien im Organ der österreichischen Sozialdemokratie, im »Kampf«, ein Beitrag des profunden Marx-Engels-Kenners Dawid Borissowitsch Rjasanow. Er wurde in den 1920er- und 1930er-Jahren bekannt als erster Herausgeber vieler zuvor ungedruckter Werke und leitete die Gesamtausgabe der »Klassiker« des Sozialismus in die Wege. Rjasanow, der unter Stalin ermordet wurde, war gelernter Archivar, er hatte vom Vorstand der Sozialdemokratischen Partei Deutschlands den Auftrag erhalten, die Zeitungsartikel von Marx und Engels aus den Jahren 1850 bis 1862 herauszugeben. Er kam zum Ergebnis, dass die »Presse« 49 Beiträge von Marx allein, drei, an denen auch Friedrich Engels mitgearbeitet hatte, und einen, der von Engels war, aber durch Marx' Vermittlung Wien erreichte, abgedruckt hatte. Wie viele Artikel man in Wien dem Papierkorb überantwortet hat, kann man nicht einmal schätzen. Alltag einer Zeitungsredaktion.

Ende einer unnatürlichen Liaison

Damit war die unnatürliche Liaison beendet. »Man ist still auseinandergegangen, es wird in Wien nicht eigens plakatiert, dass der schaffende und handelnde Geist, die Fackel der sozialistischen Weltbewegung, nicht mehr in der ›Presse‹ leuchtet. Dr. Karl Marx macht sich nun an die Abfassung seines Lebenswerks, die er da etwas unwürdig unterbrochen hat.« (Franz Endler). Rjasanow, der Marxist, fasst zusammen: »Marx hatte genug an der ›Presse‹. Die kurze Mitarbeit Marx' an dieser Zeitung war ein Misserfolg und es konnte nicht anders sein. Die Zeit war längst vorüber, in der der Vorkämpfer der proletarischen Demokratie an einem Organ der liberalen Bourgeoisie mitwirken konnte.«

1883, als Marx starb, war auch das Lebenslicht der »Presse« fast ausgelöscht, sie vegetierte nur mehr dahin, denn 1864 hatte sich August Zang mit seinen wichtigsten Redakteuren, darunter Friedländer und Etienne, so heillos zerstritten, dass diese am 1. September ein Konkurrenzblatt gründeten – die »Neue Freie Presse«, die nun der »Presse« das Wasser abgrub und singuläre Bedeutung für die europäische Presselandschaft erhielt. Die 1848 gegründete »Presse« hieß von diesem Zeitpunkt an im Volksmund nur noch »die alte Presse«, sie wurde Ende Oktober 1896 eingestellt. Zur »Neuen Freien Presse« hatte Marx nie Kontakt, obwohl Friedländer ihn 1869 noch einmal zur Mitarbeit einlud. Doch man wusste in Wien inzwischen, wohin Marx wirklich gehörte.

In ihrem Nachruf nannte ihn die »Presse« den Arbeiterpropheten und intimsten Verächter der Massen. Dass er einmal Mitarbeiter der Zeitung war, hatte man wohl längst vergessen. »Die Neue Freie Presse« wiederum wurde wegen ihres Leitartikels zum Tode von Karl Marx am 17. März 1883 beschlagnahmt, konnte aber mit einer retuschierten zweiten Ausgabe doch noch erscheinen und durfte nach einer Gerichtsverhandlung am 4. April im Nachhinein den unzensurierten Artikel bringen. Vergleicht man die beiden Versionen des Nachrufs, stellt man fest, dass die beanstandeten Stellen keineswegs ein Bekenntnis zu marxistischen Theorien oder ähnlich gotteslästerliche Dinge enthielten, sondern nur eine Erklärung einiger Thesen des Theoretikers. Doch »Proletarier aller Länder, vereinigt euch!« war ein Satz, den die Behörden nicht einmal post mortem des Revolutionärs in einer österreichischen Zeitung lesen wollten.

Nichts einzuwenden hatten sie gegen die Sätze: »Marx war ein Dämon, der gegen die bürgerliche Ordnung kämpfte, ohne innere Überzeugung, denn selbst einer seiner glühendsten Bewunderer schreibt: ›Marx lacht über die Narren, die ihm seinen Proletarier-Katechismus nachbeten, so gut wie über die Communisten und über die Bourgeois! Die einzigen, die er achtet, sind die Aristokraten, die reinen, und die es mit Bewusstsein sind.‹ Marx war eine jener zerstörenden Gewalten, welche den Krieg entfesseln, jeden Idealismus vernichten, dem Despotismus die Waffen schmieden und das Bürgertum daran mahnen, dass eine ernste Krise droht, welche die Grundlagen des Staates erschüttern müsste. Wehe den Leichtfertigen, die mit solchem Rüstzeug ein frivoles Spiel treiben; es kann ein Tag kommen, wo kein Jammer dem ihren gleichen wird.« Und man wagt zuletzt eine Prognose: »Das Verderben, welches er schuf, wird vergehen wie seine Asche ... und bald wird auch der Arbeiter erkennen, dass die Freiheit die sicherste Bürgschaft ist für den Wohlstand.«

IV.
»Die Hunde von Hohenzollern und Habsburgern«

MARX UND DIE RESTAURATION

Im Herbst 1849 kam Karl Marx, 32 Jahre alt, als politischer Flüchtling in London an, dem Zentrum des Kapitalismus. Preußen hatte ihn, ohne Beweise zu haben, beschuldigt, in Umsturzpläne verwickelt zu sein. London war wegen seines liberalen Klimas Zufluchtsort für Migranten, die aus politischen Gründen ins Exil gehen mussten und hier voller Zuversicht die unmittelbar bevorstehende Revolution in ihren Heimatländern erwarteten. Sie sonnten sich in der Erinnerung an frühere Heldentaten, hatten einen Hang zu Gezänk und Intrige und entwarfen ständig neue Pläne, die meisten lebten in ärmlichen Verhältnissen. Belauert wurden sie von Spitzeln und Geheimpolizisten, die die europäischen Polizeibehörden einschleusten. Die revolutionären Bewegungen in Europa waren allesamt niedergeschlagen worden, es herrschte ein repressives Klima, doch die Exilierten in London glaubten fest an die bevorstehende Umwälzung. Dass er für den Rest seines Lebens ohne Staatsbürgerschaft im Exil leben würde, war für Marx wohl in diesem Moment undenkbar, er rechnete mit einer Rückkehr.

Die Fluchtodyssee und die hohen Lebenshaltungskosten in der Metropole London ließen ihn weiter verarmen, der Abstieg vom Chefredakteur mit fixem Salär zum mittellosen Flüchtling machte ihm schwer zu schaffen. »Wir wohnen alle in Einer Stube und einem ganz kleinen Cabinet, 6 Menschen«, schrieb Jenny Marx in einem ihrer Bittbriefe. Sie litt unter dem ständigen Schuldenmachen, Betteln, Anschreiben-Lassen, auch unter dem Argwohn, ihr Ehemann sei zum Ehebrecher geworden (die ledige Haushälterin gebar einen Knaben). Drei der vier in London geborenen Kinder des Ehepaares

Das Exil, das Marx nie zur Heimat wurde: London um 1850

starben bei oder bald nach der Geburt, es war naheliegend, dass dies auch den prekären Lebensumständen zugeschrieben wurde. »Broken down« waren Jenny und er vor allem durch den Tod des achtjährigen Sohnes Edgar, eine Tragödie, die bei beiden zu depressiven Schüben führte. Besser wurde die finanzielle Situation, als Friedrich Engels, nunmehr »Cotton-Lord« geworden, regelmäßig Geld überwies. Er war in die Textilfabrik seines Vaters in Manchester eingestiegen, hatte sich dem »hündischen Commerz« ergeben und besaß nun die Mittel, um den Freund zu unterstützen. Ein zusätzliches Einkommen kam zustande durch Marx' journalistische Tätigkeit, vor allem für die »New York Daily Tribune«. Endlich konnte die Familie die Kleinwohnung in Soho verlassen und ein bequemeres, bürgerliches Domizil beziehen. Doch die Schulden blieben ein ständiger Begleiter.

Exzessives Theoretisieren

Marx' revolutionäre Energie war trotz dieser Erfahrungen – oder gerade eben deswegen – nicht gebrochen, er arbeitete weiter am Entwurf einer kommunistischen Strategie, auch wenn die Zahl seiner Anhänger nun schon sehr überschaubar geworden war. Seine Hoffnung lag in einer revolutionären Erhebung der Arbeiter, sie müssten »der bürgerlichen Abwiegelung entgegenwirken« und die Demokraten in eine »terroristische Phase«, in den »Weltbrand«, hineinzwingen, und zwar »mit Flinten, Büchsen, Geschützen und Munition.« Dieser Bürgerkrieg könne »15, 20, 50 Jahre«

Karl Marx auf seinem Stammplatz im Lesesaal der British Library in London

andauern, bis zum Weg in die kommunistische Gesellschaft und dann in den kommunistischen Staat. Eine drastische und radikale politische Programmatik, die nichts mehr mit dem Kompromissprogramm, dem gemeinsamen Marschieren von Demokraten und Arbeiterschaft im Jahr 1848, zu tun hatte. Kein Wunder, dass die deutschen Verleger, die er kontaktierte, von einer Veröffentlichung seiner Schriften nichts wissen wollten. Die innerkommunistischen Fraktionskämpfe und Reibereien mit ihrem hemmungslosen Vermischen von Persönlichem und Sachlichem schadeten der politischen Sache zusehends, arbeiteten den restaurativen Kräften geradezu in die Hände.

Marx und Engels heizten die Kontroversen auch immer wieder durch Polemiken an, sie trugen ihre Fehden »viel mehr noch gegen die angeblichen Freunde als gegen die offenen Feinde« aus und legten damit den Grundstein zu einer Tradition der Selbstzerfleischung und Aufsplitterung in verfeindete Gruppierungen, die die Linke noch mehr als hundert Jahre danach prägen sollte. Schuld an den lustvoll ausgetragenen Polemiken und Streitigkeiten war das Gefühl, in der Revolution 1848 versagt zu haben und nun in der restaurativen Phase in der Bedeutungslosigkeit gelandet zu sein. Wohin mit der brachliegenden Energie? Die aktive politische Tätigkeit gab Marx jetzt, 1850, auf, er ging auf Distanz zu den übrigen Exilanten, die seine intellektuelle Brillanz zwar nach wie vor bewunderten, ihn aber zunehmend für einen Egomanen hielten, und lebte zurückgezogen von dem »radikalen Gesindel«, den »Eseln«. Dennoch nahm er alle Informationen, auch Klatsch und Tratsch, über die Londoner Emigrantenszene gierig auf. Sein ständiger Arbeitsplatz wurde der Lesesaal in der Bibliothek des Britischen Museums, er saß dort oft den ganzen Tag hindurch am selben Platz und studierte, heute führt man Touristen an diese Stelle.

Ab 1850 widmete sich Marx zwei Jahrzehnte hindurch der Ausarbeitung seiner Theorien, es entstanden die Hauptwerke »Zur Kritik der Politischen Ökonomie« (1859) und »Das Kapital« (der erste Band erschien 1867, zwei weitere Bände folgten). Er arbeitete in der Bibliothek oder zu Hause in der Nacht, immer wieder unterbrochen durch Gesundheitsprobleme, Familientragödien, aktive politische Arbeit, journalistische Tätigkeit zur Bekämpfung der drückenden Geldprobleme. Dennoch entstand das gewaltige intellektuelle Labyrinth von Marx' Gesellschaftstheorie und Ökonomiekritik. Es ist nicht vorgesehen, dieses große Gedankengebäude an dieser Stelle auszubreiten, vielmehr geht es um die Konzentration auf einige Aspekte von Marx' politischer und journalistischer Arbeit.

Sein Hauptanliegen war, zu zeigen, wie die dem Kapitalismus inhärenten Gesetze zur Voraussetzung einer sozialistischen Ökonomie werden. Die Zahl derer, in deren Händen sich das Kapital konzentriere, werde immer kleiner, die Produktion werde durch Zentralisierung und Mechanisierung immer effektiver, die weltweite wirtschaftliche Verflechtung nehme zu. Mit der Konzentration des Kapitals wachse die Masse der Elenden, die Empörung führe zur Bildung einer organisierten Arbeiterklasse. Sein wichtigster Begriff zum Verständnis der Gesellschaft – die Klassen – ergab sich aus seiner Analyse der Arbeitsteilung. Die wichtigsten Passagen zum viel interpretierten Thema »Basis« und »Überbau«, also wie ökonomische und gesellschaftliche Strukturen und Interessen mit Ideen zusammenhängen, befinden sich im Vorwort seiner Schrift »Zur Kritik der Politischen Ökonomie«: »Die Produktionsweise des materiellen Lebens bedingt den sozialen, politischen und geistigen Lebensprozess überhaupt. Es ist nicht das Bewusstsein des Menschen, das ihr Sein, sondern umgekehrt ihr gesellschaftliches Sein, das ihr Bewusstsein bestimmt.« Gesellschaftliche Widersprüche und Antagonismen würden eine soziale Revolution auslösen, die das Ende der bürgerlichen Gesellschaft herbeiführen und die kommunistische Ordnung etablieren würde.

»Diese schauderhafte Friedensperiode«

Die Restauration in den europäischen Staaten war gefestigt, Marx und Engels innerhalb ihrer Bewegung isoliert (was sie übrigens noch mehr zusammenschweißte), die Bewegung selbst zerstritten, wie war so eine aktive Rolle in der erstrebten Revolution möglich? Die Hoffnung, dass der Revolutionsgeist von 1848 wieder entzündet werden konnte, war denkbar gering geworden. In Köln wurden in den sogenannten »Kommunistenprozessen« gerade die letzten Gefolgsleute verurteilt und inhaftiert. Wenige Tage nach der Urteilsverkündung löste Marx mit seinen Londoner Gefolgsleuten den »Bund der Kommunisten« auf. Auch die Hoffnungen auf Frankreich hatten sich zerschlagen: Napoleons Neffe, Charles Louis Napoléon Bonaparte, ließ sich zum Kaiser Napoleon III. krönen und baute ein autoritäres Regime auf. Die Zeit der Reaktion, die Zeit zwischen den Revolutionen, sah Marx als die Zeit der geistigen Arbeit, als intellektuelle Vorbereitung des nächsten Umsturzes, mit den Mitteln der Analyse, der Polemik, des Kommentars, der Anklage. War die Welt zunächst nicht veränderbar, arbeitete er an ihrer Erklärung. »Die Hunde von Demokraten und liberalen Lumpen werden sehn, dass wir die einzigen Kerls sind, die nicht verdummt sind in der schauderhaften Friedensperiode.«

Die dem Kapitalismus inhärente Anfälligkeit für zyklisch wiederkehrende Wirtschaftskrisen rückte nun in den Mittelpunkt von Marx' Denken, wurde die Quintessenz seiner Lehre. Das Studium der ökonomischen Literatur hatte Marx überzeugt, dass in einer ökonomischen Aufschwungphase keine Revolution zu erwarten war. Daher seien Anzeichen für eine Wirtschaftskrise, Indizien wie Missernten oder Börsenkräche zu beobachten und zu analysieren. An den nationalen Unabhängigkeitsbewegungen verlor er das Interesse. So wandten sich Marx und Engels gegen den wenige Jahre zuvor von ihnen hochgelobten Vertreter der ungarischen Revolution, Lajos Kossuth, der ebenfalls nach London geflohen war. Einen wirklichen Einblick in die spezifischen Zusammenhänge der ungarischen Revolution hatten sie zu keiner Zeit, sie besaßen weder Quellenmaterial noch Literatur dazu

Die Angriffe machten den Unterschied zwischen der Ideologie der Arbeiterbewegung und nationalen Unabhängigkeitsbewegungen deutlich, der Kampf müsse zwischen Lohnarbeit und Kapital ausgetragen werden, die nationalrevolutionären Bewegungen wurden daher diffamiert und verächtlich gemacht. Die Revolution dürfe nicht zu einer Putschbewegung degenerieren, die Befreiung des Vaterlands könne nicht von Führern aus dem Exil dekretiert werden, so gab man auch dem italienischen Aufstand gegen Österreich wenig Chance. Marx meinte auch, das Geheimnis der Langlebigkeit der österreichischen Monarchie entdeckt zu haben: Es gelinge der Regierung immer wieder, den provinziellen Egoismus der Nationen gegeneinander auszuspielen; jede der Nationalitäten wiege sich in der Illusion, »es könne seine Freiheit erringen, wenn es die Unabhängigkeit des anderen Volkes opfere.«

Spitzel und Geheimpolizisten

Natürlich trieben sich in London Spitzel und Agenten herum, auch österreichische. Neben dem ungarischen Revolutionshelden Kossuth war auch der italienische Nationalist Giuseppe Mazzini hierher geflohen, beide arbeiteten an der Zertrümmerung des österreichischen Kaiserreiches. Das war Grund genug für die rege Agententätigkeit. Österreich hatte sogar zwei Spitzel auf Karl Marx angesetzt, die beiden, Hermann Ebner und János Bangya, agierten so geschickt, dass Marx auf sie hereinfiel und sich auf vertrauliche Kontakte einließ. Ebner, ein Verwandter des Dichters Ferdinand Freiligrath, war als Literaturagent für Marx interessant, hier tat sich eine Publikationsmöglichkeit für ihn auf, noch dazu bot ihm Ebner an, über die von Marx verachtete Emigrantenszene zu schreiben. Ein Pamphlet dieser Art war keine große

Herausforderung für Marx, er hatte es bald fertig und sandte es an Ebner, worauf sie bei dessen Wiener Vorgesetzten landeten. »Es war ein besonders charmantes Stück historischer Ironie, dass die Regierung der Republik Österreich 1955 der Regierung der UdSSR ein Exemplar dieser Agentenberichte zum Geschenk machte, nachdem die Sowjets sich bereit erklärt hatten, ihre Besatzungsherrschaft in Österreich zu beenden und die Neutralität des Landes anzuerkennen.« (Jonathan Sperber).

Schlimmere Erfahrungen machte Marx mit János Bangya, einem der berüchtigtsten Abenteurer in der Exilszene, mit dem er 1850 bis 1852 Kontakt hatte. Bangya war im Revolutionsjahr Oberst in der ungarischen Revolutionsarmee gewesen und wie sein Anführer Kossuth geflohen. Im Exil wurde er von diesem zum »revolutionären Polizeichef« der ungarischen Emigration ernannt, auch Kossuth hatte keine Ahnung, dass es sich um einen österreichischen Spitzel handelte. Der Mann hatte wenig Skrupel, er verdingte sich als Geheimagent für die Hälfte der europäischen Staatskanzleien. Er erhielt aus Wien den Befehl, sich in Freimaurerlogen einschleusen zu lassen, die man für besonders gefährlich hielt. Innerhalb kurzer Zeit wurde er, der zu schmeicheln verstand und rasch über alle Vorgänge in der Exilszene unterrichtet war, eine Art Busenfreund von Karl Marx.

Marx – ein österreichischer Agent?

Marx war immer neugierig auf Informationen und hielt an Bangya, der ihm ebenfalls Publikationsmöglichkeiten zusagte, noch fest, als die übrige Migrantenszene schon misstrauisch geworden war. Seine kostenintensive Lebensweise war aufgefallen. Marx vertraute Bangya sein Manuskript über »Die großen Männer des Exils« an, damit der einen Verleger finde. Daraus wurde nichts, es stellte sich heraus, dass dieser das Manuskript der preußischen Polizei verkauft hatte. Doch es dauerte bis zum 24. Dezember 1852, bis Marx endgültig hellsichtig wurde; auch

Jenny, für die Bangya ein Hoffnungsschimmer in der finanziellen Misere war, war enttäuscht. Marx' Anfälligkeit für die Schmeicheleien eines österreichischen Spitzels, seine mangelnde Menschenkenntnis, entsetzte die Freunde: »Mohr ist mit Blindheit geschlagen.« In der Folge schadete ihm die Beziehung zu Bangya sehr: Es kursierte das Gerücht, Marx selbst sei ein bezahlter Agent der Österreicher. In der Tat war er ja knapp daran, von den Spitzeln Geld anzunehmen. Dazu Jonathan Sperber: »Dass ein militanter Revolutionär, ein lebenslanger erklärter Gegner jeder autoritären Herrschaft, so nahe daran war, einem der reaktionärsten Regime im Europa der Fünfziger Jahre des 19. Jahrhunderts zu Diensten zu sein, verrät uns eine Menge darüber, wie die unerträglichen Umstände seines Exildaseins die problematischsten Facetten sowohl der Marxschen Persönlichkeit als auch seines politischen Denkens zuoberst kehrten.«

Man machte sich in London schon lustig, wie sehr Marx in seinen journalistischen Arbeiten die große Krise herbeizuschreiben versuchte und jede negative Börsenentwicklung und jede Preisschwankung als Anzeichen eines hereinbrechenden ökonomischen Desasters bejubelte. Doch sie kam in Form eines weltweiten Konjunktureinbruchs irgendwann einmal wirklich: Es war die Rezession von 1857. »So können Sie sich doch wohl denken, wie high up der Mohr ist«, schrieb Jenny. Marx überwand durch die fieberhafte schreiberische Tätigkeit, die er nun entfaltete, seine depressive Verstimmung. Das hielt an, obwohl sich bereits 1858 eine wirtschaftliche Erholung abzuzeichnen begann, ohne dass es zu einer Welle von Revolutionen gekommen war. Doch die reaktionären Regime, so der Eindruck, waren angezählt. Hegemonialkonflikte zwischen den europäischen Mächten begannen sich abzuzeichnen, nationalistische Leidenschaften, Großmachtstreben in den Metropolen – da konnte auch die soziale Frage wieder aufflammen, Zeit, sich wieder einzumischen in das Geschehen. Als Journalist oder gar in einer aktiven politischen Rolle?

Die heiße Glut des Aufstands

In Norditalien braute sich ein Konflikt zusammen, in dem es schwierig war, Position zu beziehen. Die Patrioten in den habsburgischen Provinzen Lombardei und Venetien verlangten die Entlassung aus dem Vielvölkerreich und die Eingliederung in einen italienischen Nationalstaat. »Unerfreuliche Zustände«, wie Kaiser Franz Joseph I. meinte, der das Risorgimento für eine Sache übergeschnappter Intellektueller und überspannter Adeliger hielt, die sich weit vom braven Volk entfernt hatten. Aber irgendwie musste er ja mit diesem verrückten Jahrhundert Schritt halten und ersetzte den verhassten General Radetzky als Gouverneur der Provinzen durch seinen liberalen Bruder Ferdinand Max. Doch der Mittelweg zwischen Nachgeben und Zähnezeigen war nicht durchzuhalten, der Karren verfahren, ein Krieg stand vor der Tür, und zwar nicht nur mit den aufrührerischen Italienern, sondern auch mit dem französischen Kaiser Napoleon III., der sie unterstützte.

Wen sollten die Londoner Revolutionäre da unterstützen? Der Hass der Italiener auf Österreich war inzwischen weit gediehen, das wies auf eine Revolution hin, »die heiße Glut des italienischen Aufstandes« sei nicht mehr zu stoppen. Noch vor Kurzem, 1848, hatten die Kommunisten ja die Sache der nationalen Einigung Italiens unterstützt. Sie wollten sicherlich auch noch zehn Jahre später die Unabhängigkeit Italiens, aber für den Augenblick hatte etwas anderes Vorrang. Inzwischen war nämlich der Bonapartismus der Todfeind jedes Revolutionärs geworden. Napoleon III. zu unterstützen ging gar nicht, also standen Marx und Engels plötzlich aufseiten des reaktionären Wiener Regimes? Wo war hier die revolutionäre, wo die konterrevolutionäre Seite? Vorrang hatte jedenfalls die revolutionäre Taktik: Für den Augenblick hatte der Kampf gegen die verachtete österreichische Autokratie Nachrang, das Kaiserreich erfüllte in der Bekämpfung Napoleons und des Zarismus eine positive Funktion. War Napoleon besiegt, konnte in Frankreich die Revolution wieder ausbrechen. Das war wichtiger.

Österreich in der Sackgasse

Beim Neujahrsempfang 1859 in den Pariser Tuilerien wurde Österreich der Fehdehandschuh Frankreichs überreicht. Napoleon III. sagte vor versammeltem diplomatischem Corps dem österreichischen Botschafter Hübner: »Ich bedaure, dass unsere Beziehungen nicht so gut sind, wie ich es wünschte, ich bitte Sie aber, nach Wien zu berichten, dass meine persönlichen Gefühle für den Kaiser immer die gleichen sind.« Diplomatisch verpackte Worte, die aber in ganz Europa richtig interpretiert wurden, zuerst von der Finanzwelt: Österreich wurde in London eine Anleihe verweigert, österreichische Staatspapiere rasselten in den Keller, Camillo Cavour, Ministerpräsident des Königreiches Sardinien und Staatsmann des Risorgimento, war überzeugt, Frankreich als Bundesgenossen gewonnen zu haben: »Wir haben Österreich in eine Sackgasse getrieben, aus der es nicht herauskann, ohne mit Kanonen zu schießen.« Napoleon III. war zum Protektor der italienischen Nationalbewegung geworden, Marx schrieb: »Dem Anschein nach zu urteilen, beabsichtigt Piemont, mit Unterstützung Frankreichs und vielleicht Russlands, im Frühjahr einen Angriff auf Österreich zu starten.« Franz Joseph sei durch die Bemerkung am Neujahrsempfang mehr gedemütigt worden als durch drei verlorene Schlachten. Von Preußen habe er nur Neutralität zu erwarten, Russland habe durch Österreichs neutrales Verhalten im Krimkrieg noch eine Rechnung offen.

Für Marx war in kurzer Zeit klar, dass und wie der Krieg in Italien ausbrechen werde. Napoleon III. war deswegen zum Protektor der italienischen Nationalbewegung geworden, weil er, auf die Volksgunst angewiesen, seine Stellung im Inland durch außenpolitische Erfolge festigen musste. Ein Bombenanschlag im Jänner 1858 hatte ihn daran erinnert. Der verhaftete Attentäter, ein Italiener, hatte sein Motiv erklärt: Dies sei die Quittung dafür gewesen, weil der Kaiser nichts zur Befreiung Italiens unternehme. Das war unmissverständlich, weitere Attentatsversuche waren zu befürchten. Ganz Europa begann zu diskutieren, wie der bevorstehende Krieg zu interpretieren sei. Vielen erschien es undenkbar, dass Preußen in einem großen Krieg gegen Frankreich nicht mit Österreich gehen würde. Doch in Berlin dachte man nicht daran, Österreichs Großmachtstellung festigen zu helfen, im Gegenteil: Der Rivale könnte in Italien ruhig zur Ader gelassen werden, damit er Kraft für die unvermeidliche Auseinandersetzung in Deutschland verlöre. Die Antibonapartisten Marx und Engels setzten sich für ein Eintreten der deutschen Staaten an Österreichs Seite ein.

Friedrich Engels schrieb dazu mit Marx' Unterstützung eine Broschüre, die anonym erschien: »Po und Rhein«. Die nicht immer konzise Argumentation: Für Deutschland sei die militärische Eroberung Norditaliens nicht nötig. Doch in diesem Konflikt könne Deutschland gar nicht auf die Poebene verzichten, gegenüber Napoleon sei der österreichische Standpunkt berechtigt, auch wenn die Herrschaft der Habsburger in Norditalien »Terrorismus des Belagerungszustandes« sei. Doch dieses Zugeständnis an die Habsburgerherrschaft sei nur interimistisch, eine künftige revolutionäre Regierung werde die österreichische Gewaltherrschaft über Italien beseitigen. Doch für den Augenblick sei der Bonapartismus gefährlicher als der österreichische Neoabsolutismus. Marx verstärkte diese Position: Österreich jetzt fallenzulassen, bedeute, den »Moskowitern« den Rücken zu stärken. Der Hass auf die Zarenherrschaft blieb kontinuierlich und auch in dieser Frage sein Hauptimpetus.

Eine »verpanschte Geschichte«

Kaiser Franz Joseph machte alles falsch, was man falsch machen konnte. Er stellte am 19. April 1859 ein Ultimatum an Sardinien-Piemont, die Ablehnung musste er mit der Eröffnung des Krieges beantworten und stand als Aggressor da, für Frankreich war der Bündnisfall gegeben. Am 4. Mai, zu Beginn des Kriegs, wurde der österreichische Außenminister entlassen, dem man die Schuld für die »verpanschte Geschichte« zuschob, so blieb ein Alleinverantwortlicher im Amt, der für das diplomatische und in der Folge auch militärische Versagen die Hauptschuld auf sich nehmen musste: Franz Joseph

Kaiser Franz Joseph in der Schlacht bei Solferino

selbst. Auf der anderen Seite war Napoleon III. ebenfalls ein Gefangener der Umstände, es mag möglich gewesen sein, dass, so Marx, »der erfolgreiche Gauner« Bonaparte zunächst nur eine Demütigung Österreichs im Sinne gehabt habe, doch nun musste er sich dem Konflikt stellen, wollte er nicht seine Krone gefährden. Marx erwartete von diesem Krieg nichts Geringeres als »eine allgemeine revolutionäre Feuersbrunst des kontinentalen Europas«, die regierenden Häupter würden fallen.

Womit Marx und Engels nicht gerechnet hatten: dass sich die österreichische Armee von allen guten Geistern verlassen zeigte. Engels hielt die Soldaten für gut ausgebildet und die Ausrüstung für exzellent, er rechnete also mit einem militärischen Erfolg. Doch im Mai zeigte er sich dann selbst entsetzt über »die großen und fast unerklärlichen Fehler« der österreichischen Armee, am liebsten wäre er, Engels, wohl selbst an die Spitze der österreichischen Truppen getreten! Nach der Schlacht von Magenta (4. Juni 1859) analysierte er genau die »Schnitzer«, die der Oberkommandierende, Graf Gyulay, der den »altersschwachen Idiotismus der Monarchie« verkörpere, begangen hatte. Auch was die Schlacht von Solferino im Juni betraf, erwies sich Engels in einem Artikel als treffender Analytiker: Die österreichischen Soldaten wurden »nicht von den Franzosen geschlagen, sondern von dem anmaßenden Schwachsinn ihres eigenen Kaisers«, der trotz seiner Unerfahrenheit das Oberkommando übernommen habe. In der Tat: Die österreichischen Soldaten kämpften an diesem 24. Juni 1859 so ausdauernd und tapfer, dass sie ein besseres Kommando verdient hätten und nicht nur »vage Dispositionen und Instruktionen«, wie man später sagte. Kaiser Franz Joseph selbst war zutiefst deprimiert: »Das ist die traurige Geschichte eines entsetzlichen Tages ... Ich bin um viele Erfahrungen reicher geworden und habe das Gefühl eines geschlagenen Generals kennengelernt. Die schweren Folgen unseres Unglücks werden noch kommen.«

Die erfreuliche Aussicht auf einen Weltkrieg

Preußen ging während dieses Kriegs seinen eigenen Weg, und die deutschen Klein- und Mittelstaaten folgten ihm, als hätten sie Wien bereits abgeschrieben. Sie erwarteten von Preußens Militärmacht die Sicherung des »Deutschen Bundes« gegenüber dem alten Erbfeind Frankreich. Sicherheitshalber marschierte man schon am Rhein auf. Das sahen die Gegner in Oberitalien mit Sorge: Napoleon konnte keinen Zweifrontenkrieg brauchen, Franz Joseph musste etwas gegen Preußen als Vormacht des Deutschen Bundes unternehmen. So bot sich für beide Seiten ein rascher Friedensschluss an. Was Franz Joseph ärgerte, war, dass er nun mit dem »Erzschuften« aus Paris in Verhandlungen über einen Waffenstillstand treten musste, in dem er die Lombardei verlieren würde. Damit war das neoabsolutistische System in Österreich, ein innenpolitisches Relikt der Metternich-Ära, am Zerbröckeln. Das war nicht die große Hoffnung, die die englischen Revolutionäre gehegt hatten, nämlich der Ausbruch eines allgemeinen Weltkriegs, der die Revolution vorantreiben sollte. Zugestandenermaßen ist die Revolution das tägliche Brot eines Revolutionärs, doch wie wenig moralische Skrupel Marx und Engels an den Tag legten, wenn sie sich am Ausbruch eines Weltkriegs ergötzten, wirkt verstörend.

Doch wenn die Revolution nicht durch den Krieg gekommen war, kam sie vielleicht durch den Ausgang des Krieges, durch einen ungerechten Frieden? Dass Napoleon III. das Interesse an den italienischen Patrioten bald wieder verlieren würde, sahen viele voraus. Marx zog in der »New York Daily Tribune« Bilanz: Österreich habe eine Provinz verloren, militärische Reputation eingebüßt, seine Finanzen hoffnungslos zerrüttet, seine Vorherrschaft in Italien zum Teil an Frankreich abtreten müssen. Eine Blamage, aber immerhin kein Rauswurf aus Italien. Die Lombardei sei im Frieden von Villafranca verschachert worden, Italien habe seine österreichische Abhängigkeit nur gegen die von Frankreich eingetauscht. Das habe man davon, wenn man sich an Autokraten anlehne, und nicht von sich selbst aus die Initiative zur Revolution ergreife.

Der Kaiser in Wien kam nun um Zugeständnisse nicht mehr herum. Die wirtschaftliche Entwicklung, zuvor vom neoabsolutistischen Staat dirigiert, wurde nun vom liberalen Bürgertum übernommen, das brachte ihm gesellschaftlichen und politischen Zugewinn. Privatunternehmer setzten eine Liberalisierung der Wirtschaftsgesetzgebung durch, das Zunftwesen wurde durch eine neue Gewerbeordnung abgelöst, die Grundsteine für eine »Gründerzeit« gelegt. Das setzte bisher gebundene Energien in der Bourgeoisie in Österreich frei, die monarchische und bürokratische Herrschaftsausübung wurde gelockert, zur Abwendung eines finanziellen Bankrotts und außenpolitischen Machtverfalls.

Der skandalöse Herr Lassalle

Franz Joseph, an den Zentralismus des neoabsolutistischen Systems gewöhnt, konnte den Zug der Zeit nur bremsen, aber nicht aufhalten. Er werde keine Beschränkung der monarchischen Gewalt durch eine Verfassung gestatten, sondern lieber allen Stürmen trotzen, erklärte er noch im Juni 1860. Doch der Kaiser von Österreich war ab diesem Jahr nur noch ein Reagierender statt ein Agierender: »Eine solche Niederträchtigkeit einer- und Feigheit andererseits, wie sie jetzt die Welt regiert, ist doch noch nie dagewesen; man fragt sich manchmal, ob alles, was geschieht, wirklich wahr ist«, jammerte er. Auch in Preußen kündigte sich

Ferdinand Lassalle (1825–1864), Gründer des »Allgemeinen Deutschen Arbeitervereins«

eine Änderung der politischen Verhältnisse durch den Tod von König Friedrich Wilhelm IV. und den liberaleren Nachfolger Wilhelm I. an, die Exilanten in London machten sich Hoffnungen auf eine politische Amnestie und Rückkehr. Sollte sich Marx wieder ins Getümmel stürzen? Doch eine Rückkehr nach Deutschland erschien zu risikoreich, auch die Familie war dem nicht geneigt: Die Töchter fühlten sich als Engländerinnen. Finanziell sah es abgesehen von den geringen Honoraren der Wiener »Presse« düster aus, die »Tribune« in den USA hatte den Korrespondentenvertrag storniert. Der Stress machte Marx krank, eine damals unheilbare Autoimmunkrankheit brach aus, er litt von nun an unter Geschwüren, die seine Haut entstellten und mit Arsenpräparaten behandelt wurden.

Sein wichtigster Verbindungsmann in Deutschland war der 1825 geborene Ferdinand Lassalle, 1848 Mitagitator, polarisierend, mit aufregendem Privatleben, durch die Liaison mit einer Gräfin von finanziellen Sorgen befreit, radikal, doch wie durch ein Wunder nicht inhaftiert und nicht exiliert. Doch Lassalle hatte sich intellektuell Marx nie unterworfen, das zeigte seine antiösterreichische Haltung während des Italienkriegs und seine Aversion gegen die »Franzosenhasserei«. Er warf dem Londoner Exilanten vor, keine Ahnung von der Stimmung der monarchieloyalen Arbeiterschaft in Preußen zu haben.

1863 gründete Lassalle den »Allgemeinen Deutschen Arbeiterverein«, eine Arbeiterpartei, mit der er nach außen hin Otto von

Bismarcks restaurativer Regierungspolitik entgegentreten wollte. Doch bald war der Verein ohne Vorsitz: Lassalle starb im August 1864 an den Folgen eines Duells, es ging natürlich um eine Frauengeschichte. Sollte Marx den Verein übernehmen? Doch durch Zufall ergab sich im September dieses Jahres in London selbst eine Initiative, die Geschichte machen und international für Gesprächsstoff sorgen sollte: die Gründung der »Ersten Internationale«.

Die internationale Solidarität

Auf den ersten Blick kommt es einem vor wie ein skurriler Scherz der Geschichte: Eine Bewegung, die retrospektiv als die »Internationale« in die Annalen eingegangen ist, wurde in einem Land gegründet, wo das insulare Bewusstsein und die Verachtung all dessen, was sich jenseits der Meerenge auf dem »Kontinent« abspielt, tiefe historische Wurzeln hat. Auf den zweiten Blick sieht alles ganz anders aus: Das Land besaß nicht nur eine radikale Emigrantenschicht, sondern zudem die erfahrenste und älteste Arbeiterbewegung der Welt, sie war organisiert in den Trade Unions, die imstande waren, Massenkundgebungen von Arbeitern auf die Beine zu stellen. Die hochpolitisierte Arbeiterschaft Englands entwickelte ein Gespür dafür, dass sie von politischen Problemen im In- und Ausland gleichermaßen tangiert wurde, sie begann international zu denken. Mit großen Kundgebungen demonstrierten britische Arbeiter für die Anliegen von Präsident Abraham Lincoln im Amerikanischen Bürgerkrieg. Obwohl der Krieg jenseits des Atlantiks durch ausbleibende Baumwolllieferungen zu einer erheblichen Krise in der englischen Textilindustrie und zu Massenentlassungen führte, gingen die Trade Unions hartnäckig für ein politisches Prinzip auf die Straße: für die Abschaffung der Sklaverei, gegen einen Kriegseintritt Englands aufseiten des amerikanischen Südens.

Als Giuseppe Garibaldi, der Befreier Italiens, nach London kam, wurde er von 50 000 jubelnden Demonstranten begrüßt. Auch die

Kundgebungen für die polnische Befreiung von der zaristischen Unterdrückung wurden auf den Straßen Londons mit derselben Emotionalität ausgetragen: eine neue internationalistische Zeitströmung, nicht zuletzt unter dem Einfluss der Methodistenbewegung und ihres Kults weltweiter Brüderschaft. Die Bereitschaft zu internationaler Solidarität entsprang dem Grundgefühl, dass alle Opfer derselben Ausbeutung seien. Und es gab auch ein unmittelbares Eigeninteresse der britischen Trade Unions: Durch den Aufbau eines internationalen Solidaritätsnetzwerkes sollte der unerwünschte Import von Streikbrechern und Billigarbeitern vom Kontinent verhindert werden.

Nicht träumen lassen hätte sich wohl Kaiser Napoleon III., dass er mit einer freundlichen Geste unfreiwillig bei der Gründung der »Internationale« der Arbeiterschaft mitgeholfen hatte. Er finanzierte die Reise einer Delegation französischer Arbeiter zur Weltausstellung 1862 in London, die sich mit englischen Gewerkschaften solidarisierten, gemeinsame Interessen entdeckten und eine neue Achse über den Ärmelkanal schmiedeten, die von einem großen internationalen Meeting am 28. September 1864 in London gekrönt werden sollte. Als Ort wurde die St. Martin's Hall ausgewählt, eine alte Music Hall unweit von Covent Garden, die nach einem Brand zwei Jahre zuvor wieder aufgebaut worden war. Gewöhnlich fanden hier Konzerte statt, gelegentlich auch Lesungen, Charles Dickens konnte für eine Charity-Lesung zugunsten eines Kinderspitals gewonnen werden, manchmal diente die Halle auch für politische Kundgebungen.

Am 28. September 1864 trafen hier 2000 Kongressteilnehmer in dem durch Gaskandelaber erleuchteten Konzertsaal zusammen. Als Vorsitzenden des Kongresses hatte man einen mehr als honorablen Mann gefunden: Edward Spencer Beesley war Professor für Geschichte und Latein am Londoner University College, der erste Hochschullehrer, der in der Arbeiterbewegung aktiv wurde. Der neue Zusammenschluss, der hier beschlossen werden sollte, die »Internationale Arbeiterassoziation« (IAA), verdiente ihren Namen natürlich nur, wenn es mehr als nur britisch-französische Delegierte gab. Daher suchte man noch kurz vor Kongressbeginn zumindest einige Symbolfiguren aus anderen Ländern. So klopften die Organisatoren in allerletzter Minute noch an die Tür von Karl Marx in der Londoner Maitland Park Road, der vielleicht jemanden kennen könnte, der als Sprecher der deutschen Arbeiterschaft infrage käme. Marx selbst galt ihnen als bürgerlicher Intellektueller, ein Kopfarbeiter, der acht Stunden am Tag in der British Library saß und studierte, kein Handarbeiter. Aber die proletarische Reinheit war ja auch durch den Universitätsprofessor schon etwas verwässert, und so kam es, dass während des gesamten Kongresses ein stummer Marx mit auf dem Podium saß. Er ergriff bei der konstituierenden Sitzung der IAA kein einziges Mal das Wort, doch am Ende zeigte er sich tief beeindruckt und schrieb enthusiastisch an Engels, dass er soeben ein »revival of the working classes« miterlebt habe.

Marx in Hochform

Welche Gründe es auch gegeben haben mag, Marx einzuladen, es hatte jedenfalls weitreichende Folgen. Schlagartig waren nun für ihn die Jahre politischer Untätigkeit zu Ende. Marx nahm eine gewaltige Arbeitslast auf sich. Er wurde in die Programmkommission der IAA berufen, um die Statuten auszuarbeiten, als Theoretiker war ihm niemand in der Vereinigung gewachsen, er wurde der intellektuelle Kopf im Führungsgremium, dem Generalrat. Ungeachtet der Maxime, dass die Mitglieder und Funktionäre Arbeiter sein sollten, wurde er als »the right man at the right place« akzeptiert, zumal niemand außer ihm imstande war, ein Programm auszuformulieren. In den Jahren der politischen Inaktivität hatte Marx seine alten Verfahrenstricks im Umgang mit politischen Komitees nicht verlernt, in kleineren Gruppen lief er zur Hochform auf, und wenn spätabends die übermüdeten Arbeiter immer wieder gähnen mussten, übernahm er die Ausformulierung der Präambeln. So kam das politische Manifest »an die arbeitende Klasse Europas« zustande, das später als die »Inauguraladresse der Internationalen Arbeiterassoziation« bekannt wurde und von Marx in den letzten Oktobertagen 1864 im Alleingang geschrieben worden war.

Das Dokument ist kein neues »Kommunistisches Manifest«, obwohl es auch mit dem Satz »Proletarier aller Länder, vereinigt euch!« endet. Marx wusste, dass er seine britischen »Arbeiterkönige« politisch nicht überfordern durfte, sie waren weder Revolutionäre noch Sozialisten. So musste er darauf Rücksicht nehmen, dass er es mit einer Gewerkschaftsbewegung zu tun hatte, die interessiert war an Sozialreformen, einem kürzeren Arbeitstag, der Beschränkung von Frauen- und Kinderarbeit. Doch die zurückhaltenden Formulierungen in dem Dokument, der Verzicht auf revolutionäre Rhetorik, auf die »Kühnheit der Sprache«, hatten auch andere Gründe. Der fast »kindliche Enthusiasmus« der Revolutionsära von 1848 war anscheinend ein für alle Mal »zum Teufel«, angesichts der Wirtschaftskrise der Jahre um 1860 hätte die Revolution schon längst ausbrechen müssen. So eroberte sich Marx seine Führungsposition in der IAA nicht als Revolutionär, sondern als Theoretiker von Anliegen einer realitätsnahen Gewerkschaftspolitik. Marx vertrat etwa vehement die Demokratisierung des Wahlrechts, die die Arbeiter in die Parlamente bringen sollte. Der revolutionäre Ausgang nach einer Phase gewerkschaftlicher Organisierung und gesellschaftlicher Reformen war damit nicht aufgegeben. Was sich abzeichnete, war der Gegensatz zwischen Reformisten und Revolutionären in der sozialistischen Bewegung: Er wurde im Lauf des Jahrhunderts immer unversöhnlicher und hatte seinen Ursprung in Marx' Strategie der 1860er-Jahre.

Bekannt wurde die IAA allgemein als »Erste Internationale«, eine retrospektive Namensgebung, die sich ergeben hatte nach der Gründung der heute noch existierenden »Zweiten« oder »Sozialistischen Internationale« 1889 sowie der »Dritten« oder »Kommunistischen Internationale« 1919, die offiziell 1943 aufgelöst wurde. 1938 kam die »Vierte (trotzkistische) Internationale«. Der Unterschied der Ersten Internationale zu diesen späteren Formationen sozialistischer beziehungsweise kommunistischer Parteien ist beträchtlich. Die IAA war eine lose Föderation unterschiedlichster Arbeitergesellschaften, die sich Gedanken machten, wie die Emanzipation des Proletariats zu bewerkstelligen sei und wie der richtige Weg zu einer befreiten und gerechten Gesellschaft sein könnte. Als Sammelbecken hatte sie mörderische Kontroversen über den »richtigen Weg« auszuhalten, intrigenreiche Auseinandersetzungen, Grabenkämpfe, die schließlich auch zu ihrem Untergang führten.

Als »Mastermind« in der IAA erfuhr Karl Marx wieder Bedeutung. Ikonisches Porträt aus dem Jahr 1881

Die Bande um Bakunin

Marx hatte schon Schlimmes geahnt, als er 1864 nach sechzehn Jahren erstmals wieder mit Michail Bakunin zusammentraf. Zu seinem Entsetzen stellte der russische Anarchist einen Antrag auf Aufnahme seiner Bewegung in die IAA. Utopisten, Pazifisten, leicht entflammbare Revolutionäre der romanischen Länder und disziplinierte britische Gewerkschafter unter einen Hut zu bringen war Marx ja noch gelungen, aber die aktionistische sozialdynamische Revolutionsauffassung der Bakuninisten, die nur im Barrikadenkampf die Revolution sahen und jede Institutionalisierung ablehnten, begann die Bewegung von innen aufzusprengen. 1872 wurde die »Bakuninbande« ausgeschlossen und der Generalrat nach New York verlegt, ein vergeblicher Rettungsversuch, er bedeutete das Ende der »Ersten Internationale«.

Schwierig war auch die Weiterführung von Lassalles Arbeiterpartei, hier war inzwischen Wilhelm Liebknecht Marx' Vertrauensperson geworden. Eine versöhnliche Haltung gegenüber der preußischen Monarchie und dem autoritären Kurs Bismarcks, die Lassalle im Auge gehabt haben mag, kam für Marx nicht infrage. Europa war in der zweiten Hälfte der 1860er-Jahre ein Ort der Turbulenzen, mit Massendemonstrationen in England und Frankreich, einer Serie von Streiks, Unruhen in Spanien und Italien, nationalistischem Rumoren in der Habsburgermonarchie – insgesamt eine gute Atmosphäre für den Revolutionär. Irgendwo musste jetzt die Explosion erfolgen. Doch die Entwicklung eskalierte in den großen Kriegen von 1866 und 1870 – das führte zu einer Änderung des Kräftegleichgewichts und zu politischen Verwerfungen, die so für Marx nicht vorhersehbar waren.

»In Wien soll es revolutionär aussehen«

Der österreichischen Politik schenkte Marx in den Jahren zwischen Solferino und Königgrätz wenig Aufmerksamkeit. »Franz Joseph fühlt den Boden unter seinen Füßen wanken«, doch ähnlich pessimistisch hatte er über die Habsburgermonarchie schon seit den 1840er-Jahren geurteilt. »In Wien soll es sehr revolutionär aussehen«, schrieb Marx im Mai 1860, und Engels spottete über den »eigensinnigen Esel Franz Joseph« und antwortete: »Kann man sich eine famosere revolutionäre Lage denken?« 1861 sei mit der Auflösung des Kaiserreiches zu rechnen, doch das wurde bekanntlich mit Zugeständnissen wie dem »Oktoberdiplom« und dem »Februarpatent« verhindert. Marx und Engels unterschätzten die Fähigkeit Wiens zum Weiterwursteln. Eines war für sie jedoch klar: Der Weg zur Vorherrschaft in Deutschland war für Habsburg nach den italienischen Niederlagen versperrt, der Weg für Preußen frei.

Franz Joseph kam in der Tat gegenüber dem selbstsicheren und herrischen Preußen Bismarcks nicht aus der Defensive. Er fühlte sich als Deutscher und wollte den Kampf um die Vorherrschaft in Deutschland gegen Preußen aufnehmen. Im Geschichtsunterricht hatte er gelernt, wie die Kurfürsten von Brandenburg sich die preußische Königskrone aufgesetzt und ihren Eroberungszug begonnen hatten, den Hohenzollern'schen Gesamtbesitz abrundeten und auf ganz Norddeutschland erweiterten. Dies alles durch Krieg und auf Kosten des Reiches und des Kaisers und Österreichs. In 150 Jahren waren Preußens Untertanen von 1,6 auf 19,6 Millionen angewachsen. Kleinere Staaten, die die territoriale Einheit verhinderten, wurden als Störenfriede empfunden. Nur der »Deutsche Bund« mit seinen 35 Mitgliedern garantierte die territoriale Unversehrtheit und Österreich als primus inter pares überwachte in diesem Bund den Status quo und damit den Frieden. Unter den Katholiken und den Mittelstaaten, die der Machthunger Preußens beunruhigte, genoss Österreich durchaus Sympathien. »Ferro et igni«, »mit Eisen und Feuer«, wollte der preußische Ministerpräsident Otto von Bismarck das korrigieren. Preußen musste an die Spitze. Deutschlands Nationalliberale ließen sich einspannen, ihr Ziel war ein deutscher Nationalstaat, das, was die Italiener soeben erfolgreich angingen, und nicht den altmodischen föderalistischen »Deutschen Bund«, das Konstrukt Metternichs mit Österreich als Präsidialmacht.

Großdeutsche versus Kleindeutsche also: Erstere wollten ein buntscheckiges mitteleuropäisches Gebäude mit den deutschsprachigen Gebieten Österreichs und Preußen als Flügel, Letztere wollten eine Lösung ohne Österreich unter Führung der preußischen Hohenzollern. Eine Gratwanderung für Franz Joseph. Pflegte er zu sehr den deutschen Nationalgedanken, gefährdete er die Einheit seines Vielvölkerreichs. Zugleich brauchte er den Konstitutionalismus als moderne Waffe für moralische Eroberungen bei den Deutschen, da entwickelte er keine Fantasie, auch da wollte er nicht zu weit gehen. Dieses vorsichtige Taktieren (»Ich bin vor allem Österreicher, aber entschieden deutsch!«) überzeugte wenig, sein Plan einer Bundesreform scheiterte am Frankfurter Fürstentag 1863.

Preußen nahm einfach nicht teil und torpedierte seinen »letzten Versuch, Deutschland zu einigen« (Brief Franz Josephs an seine Mutter). Andererseits, so Engels, könne Preußen zwar Österreich demütigen, dürfe es aber nicht zerstören: Verlören die Habsburger den Thron, so würden auch die Hohenzollern wackeln. Marx lehnte das kleindeutsche Konzept mit der Hohenzollerndynastie an der Spitze eines deutschen Kaiserreichs ab. Er war für ein einiges Deutschland ohne Habsburg und ohne Hohenzollern.

»Die Hunde von Hohenzollern und Habsburgern«

Nach einem Waffengang im nördlichen Europa, in dem Preußen und Österreich gemeinsam 1864 Schleswig-Holstein von Dänemark erobert hatten, kam es bei der Aufteilung der Beute zum Streit. Franz Joseph zeigte sich zunächst nachgiebig, er wollte Berlin nicht unnötig reizen, in seinem altmodischen Denken glaubte er immer noch, dass in Gesprächen von Monarch zu Monarch eine Einigung möglich wäre. Angesichts des Aggressionspotenzials Bismarcks war das eine naive Illusion, zielstrebig benützte der geniale Stratege in Berlin den Konflikt in Norddeutschland als Vorwand für den Kriegsbeginn, ein Geschenk des Himmels, denn Franz Joseph hatte bis dahin vermieden, einen Casus belli zu liefern. »Laien-Militärstratege« Engels meinte zunächst, die Preußen würden »Keile bekommen«, das österreichische Militär sei überlegen, falls nur Franz Joseph sich nicht einmische. Eine totale Fehleinschätzung der Stärkeverhältnisse, obwohl Engels wusste, dass die österreichischen Vorderlader-Gewehre ein Nachteil gegenüber den modernen preußischen Hinterladern waren. Ironischerweise erschien Engels letzte Fehlprognose am 3. Juli 1866, dem Tag der österreichischen Niederlage auf dem Schlachtfeld von Königgrätz. Im Übrigen, so Marx, das hätten die deutschen Philister nun davon, dass sie sich nie auf eine Revolution eingelassen hätten, nun würden »die Hunde von Hohenzollern

Die verlorene Schlacht von Königgrätz läutete den Abgesang der absoluten Herrschaft in der Habsburgermonarchie ein.

und Habsburgern unser Land durch Bürgerkrieg (dynastischen) wieder für 50–100 Jahre rückwerfen.«

Marx reagierte auf die Niederlage mit der gewohnten dialektischen Methode: Eine Niederlage Preußens wäre eine gute Lösung gewesen, denn das hätte Revolution gegen die Hohenzollern bedeutet. Ein Sieg Preußens bedeute die Errichtung eines deutschen Kaiserreiches und eine Schwächung Napoleons in Frankreich, der dem »Krautjunker« Bismarck unterlegen sei – auch gut, denn dann stehe ein deutsch-französischer Krieg vor der Tür. Aus Sicht der Arbeiterbewegung und der Revolution müsse man »den Dreck eben nehmen, wie er ist«. Für Österreich war durch Preußens Sieg nun das Tor nach Deutschland zu, die Jahrhunderte dauernde Mission Österreichs in Deutschland beendet.

Im Frieden von Nikolsburg besiegelte Franz Joseph seine Niederlage durch die Anerkennung seines Ausschlusses aus Deutschland, eine weitere Erniedrigung vermied Bismarck. Hat der österreichische Kaiser in diesem Schicksalsjahr erstmals an das mögliche Ende der Habsburgermonarchie gedacht? War er nun wie die Osmanen am Bosporus der »kranke Mann an der Donau«? Ja, sagten Marx und Engels, die folgendes Szenario entwarfen: Das österreichische Kaisertum werde »ungarisch« dominiert werden, die Slawisierung in Böhmen, Mähren und Kärnten zuungunsten der deutschen Bevölkerung fortschreiten, über kurz oder lang würden die deutschen Provinzen an das Deutsche Reich fallen. Der österreichischen Arbeiterschaft sei der Anschluss an Deutschland geradezu zu empfehlen. Nach Engels war durch die Niederlage der kaputte österreichische Staat der Bourgeoisie geradezu in den Schoß gefallen, da sie aber nicht reif für die politische Herrschaft sei, könne sie nichts damit anfangen.

Die Führung der deutschen Arbeiterbewegung in Deutschland unter Wilhelm Liebknecht, zu dem nun der begabte August Bebel gestoßen war, beeindruckte Marx. Statt die neue politische Situation zu beklagen, leisteten sie im Reichstag des Norddeutschen Bundes erfolgreiche politische Arbeit bei der Durchsetzung gewerkschaftlicher Anliegen. Eine Genugtuung war es auch für Marx, dass hier sein Buch »Das Kapital« mit großer Begeisterung rezipiert wurde. In der Zeitung »Der Social-Demokrat« erschien eine neunteilige Artikelserie darüber. Im August 1869 wurde in Eisenach die »Sozialdemokratische Arbeiterpartei«, SDAP, gegründet, da bahnte sich der Krieg zwischen Frankreich und Preußen, der seit Königgrätz ohnehin erwartet worden war, bereits an.

»Die Franzosen brauchen Prügel«

Bismarck war es gelungen, die Nation hinter dem König von Preußen zu sammeln und eine Welle nationalistischer Begeisterung in Deutschland zu entfachen, auch in jenen Territorien, die es sich erst vor Kurzem einverleibt hatte. Ein erstaunlicher Satz von Marx zu Beginn des Krieges (»Die Franzosen brauchen Prügel.«) weist darauf hin, dass selbst tief drinnen im Herzen des Revolutionärs in einem solchen Moment ein national-chauvinistisches Herz pochte. Auch Engels ließ sich sehr zum Entsetzen des Arbeiterführers Wilhelm Liebknecht vorübergehend von dieser patriotischen Welle mitreißen.

Nach der desaströsen militärischen Niederlage Frankreichs brach in Paris eine Revolution aus, radikale Republikaner proklamierten im März 1871 die »Commune« von Paris, die angesichts ihrer aussichtslosen Situation Hilfe im Ausland suchte, auch bei der IAA, auch bei Marx. Doch man reagierte in London zurückhaltend und skeptisch, obwohl die konservative Gegenpropaganda Marx und seine Anhänger als Drahtzieher hinter dem jakobinischen Regime in Paris ausmachte. Marx schrieb zwar eine Polemik gegen die konservativen Monarchisten, die die Wahl in Frankreich gewannen, dass man ihm fälschlicherweise eine aktive politische Rolle zuschrieb, schmeichelte ihm: »Das tut einem wahrhaft wohl nach der langweiligen zwanzigjährigen Sumpfidylle« plötzlich zum »bestverleumdeten und meistgedrohten Mann von London« geworden zu sein.

Die »Commune« sah er als »Vorboten einer neuen Gesellschaft«, einer kommunistischen. Das sorgte für gehöriges Aufsehen, Europas Radikale und Sozialisten zeigten sich mehr denn je vom Chef der »Internationale« beeindruckt, amerikanische Journalisten kamen angereist, um ihn zu interviewen, alles sehr schmeichelhaft für Marx, dem es jedoch gesundheitlich immer schlechter ging. Allmählich entstand in den Publikationen das Bild eines zwar radikal denkenden, die »Commune« befürwortenden, aber doch merklich gealterten Revolutionsveteranen, der sich zu Hause als liebevoller Familienvater zeigte und sich hinter Bergen von Büchern verkroch. Sein körperlicher Zusammenbruch 1873 war so gravierend, dass er sich zunehmend aus der politischen Arbeit in die Rolle eines Beraters zurückziehen musste, die Kontakte zu den kommunistischen Mitstreitern hielt Friedrich Engels aufrecht.

Es fiel Marx wegen seiner fortschreitenden Altersbeschwerden und Schlafstörungen sogar schwer, seine anspruchsvollen wissenschaftlichen Pläne weiter voranzutreiben. Sein Arzt verordnete ihm eine Kur, so reiste er ins böhmische Karlsbad und betrat damit nach langer Zeit wieder den Boden der österreichisch-

Aufstand der »Commune« in Paris 1871: Die Tuilerien brennen nieder.

ungarischen Doppelmonarchie. Er hoffte, nicht die Aufmerksamkeit der österreichischen Behörden zu erregen, die ihm zehn Jahre zuvor ja sogar Agenten auf den Hals gehetzt hatten. Im Hotel trug er sich als »Charles Marx, Privatier aus London« ein, in den Jahren danach wiederholte er die Kuraufenthalte, sie taten ihm gut und wurden von Engels finanziert. Aus Sorge um seinen Gesundheitszustand rieten ihm seine Freunde, mehr Bewegung zu machen und weniger zu arbeiten. Engels war inzwischen Pensionist und von Manchester nach London übersiedelt, die Korrespondenz zwischen den beiden Freunden versiegte dadurch und wir sind um eine wertvolle Quelle ärmer, was das Denken der beiden betrifft.

»Die Revolution beginnt diesmal im Osten«

Vieles lief nicht so, wie es Marx erwartet hatte, er würde die kommunistische Revolution wohl nicht mehr erleben. Europas Großmächte drohten nach seiner Ansicht in eine große militärische Auseinandersetzung zu schlittern. Hatte er das zwanzig Jahre zuvor noch als große Chance für die Weltrevolution gesehen, befürchtete er nun, dass dadurch die Reaktion gestärkt würde. Er sah in Europa nach der Niederschlagung der »Commune« ein neuerliches Zeitalter der Restauration wie in den 1850er-Jahren heraufziehen: Die britischen Gewerkschafter, denen er eine führende Rolle bei der Bildung einer mächtigen Arbeiterpartei zugetraut hatte, rückten den verachteten Liberalen näher, die Hoffnung auf eine Revolution in Frankreich war dahin, in der

»Internationalen« zeichnete sich eine Rebellion gegen seinen Kurs ab. Der Anarchist Bakunin und seine Gefolgsleute denunzierten Marx als autoritären Bourgeois, er sah die Organisation in Gefahr, in die Hände von »idioten« oder »adventurers« zu geraten, die die Sache kompromittierten. Die Verlegung des Generalrats nach New York, eine taktische Maßnahme, konnte die Organisation auch nicht retten.

Jahrzehntelang war der größte Erzfeind in Marx' politischem Denken das autokratische Zarenregime in Russland (nicht die Russen an und für sich), nun begann ihn die Aussicht auf eine Revolution in Russland zunehmend zu interessieren. In dem Land existierten revolutionäre Oppositionsbewegungen, die seine Schriften diskutierten. »Das Kapital« war ins Russische übersetzt worden, Studenten begannen seine Theorien zu diskutieren, Terroristen und Selbstmordattentäter verübten Mordanschläge. 1881 wurde sogar Zar Alexander II. ermordet. »Die Revolution beginnt diesmal im Osten, wo das bisher unverletzte Bollwerk und die Reservearmee der Kontrerevolution. [sic!]« Das hätte auf jeden Fall gewaltige Auswirkungen auf Europa, unter anderem »Totengeläute für Preußen«. Russland führte gerade Krieg gegen die Osmanen, bei einer Niederlage könnte die Revolution ausbrechen. Die große Gründerzeitkrise mit dem extremen Wirtschaftsabschwung in dem Jahrzehnt nach 1873 sah Marx nicht als die entscheidende Krise des Kapitalismus, die das System zum Einsturz bringen würde.

Marx wurde alt, er rekurrierte immer wieder, wenn er Kontakte zu sozialistischen Parteien auf dem Kontinent unterhielt, auf die Revolutionen von 1789 und 1848, obwohl sich die politischen Umstände aus diesen Jahrzehnten nicht mehr auf die letzten Jahrzehnte des 19. Jahrhunderts übertragen ließen. Die Idee von reformorientierten, nichtrevolutionären, nichtradikalen Arbeiterparteien war für ihn neuartig. Noch einmal flammte der alte Zorn auf, als er 1875 die Nachricht vom »Gothaer Vereinigungsparteitag« von Ferdinand Lassalles »Allgemeinem Deutschen

Arbeiterverein« und der »Sozialdemokratischen Arbeiterpartei« unter Bebel und Liebknecht erhielt. Die Versuche Lassalles, zu einem Agreement mit Bismarcks autoritärem Staat zu kommen, hatte er nicht verziehen. Das Programm enthielte, so Marx, »nichts außer der aller Welt bekannten demokratischen Litanei: allgemeines Wahlrecht, direkte Gesetzgebung, Volksrecht, Volkswehr etc. Sie sind bloßes Echo der bürgerlichen Volkspartei.« Doch als es der Partei gelang, bei Wahlen ein hervorragendes Ergebnis einzufahren und eine maßgebliche politische Kraft gegen Bismarck zu werden, musste er zurückrudern. An ein friedliches Ringen zwischen den Klassen glaubte er allerdings nicht, ohne revolutionäre Gewalt wäre seiner Meinung nach die Macht nicht zu erobern, terroristische Methoden lehnte er aber ab.

Als seine Frau Jenny am 2. Dezember 1881 starb, traf gerade die Nachricht aus Deutschland ein, dass die sozialistische Partei in Deutschland trotz Bismarcks Repressionen bei der Reichstagswahl ein gutes Ergebnis erreicht hatte. Marx – selbst schwer erkrankt – konnte am Begräbnis seiner Frau nicht teilnehmen. Er überlebte sie nur um 15 Monate, selbst Spaziergänge wurden zuletzt zu anstrengend für ihn. Symptome in seinen letzten Wochen wiesen auf Tuberkulose hin, möglicherweise kam ein leichter Schlaganfall hinzu. Entsetzlich für ihn die Nachricht im Jänner 1883, dass seine älteste Tochter Jenny Caroline an Blasenkrebs verstorben war. Sein Freund Engels schaute jeden Tag in Marx' Haus in der Maitland Park Road 41 vorbei, am 14. März 1883 fand er ihn dort tot auf. Der Kreis derer, die ihn zur letzten Ruhestätte begleiteten, war überschaubar klein, er beschränkte sich auf die Familie und die engsten Freunde. In den nächsten Tagen erschienen Nachrufe in vielen internationalen Zeitungen: Sie würdigten seine wissenschaftliche Leistung, wie auch Engels in seiner Grabrede, doch durch alle Nachrufe zog sich das Bild eines revolutionären Lebens.

Auch die Wiener Zeitung, für die er einmal gearbeitet hatte, sie hieß jetzt »Neue Freie Presse«, widmete ihm einen Nachruf.

Der nicht gezeichnete, dreispaltige Leitartikel vom 17. März 1883, aus dem der Zensor alle Marx-Zitate herausgestrichen hatte, verrät eine ziemlich dürftige Kenntnis der Marx'schen Schriften und enthält eine Geschmacklosigkeit: Marx sei »auf einem Landsitz zu Argenteuil, umgeben von dem feinen Comfort, welcher das Leben verschönt« gestorben. Ein krasser Widerspruch zur Realität: Marx starb alles andere als wohlhabend in London. Jedenfalls zieht das bürgerliche Blatt den Hut »vor der Leiche eines so großen Gegners«, der es sich angemaßt habe, »mit dröhnenden Hammerschlägen die bürgerliche Gesellschaft zu zertrümmern«. Und schließlich der programmatische Satz: »Marx war der Vater jener Sozialdemokratie, mit der es keinen Frieden und keine Versöhnung gibt.« Dass dieser »Socialist« einmal Korrespondent ebendieser Zeitung war, wurde mit keinem Wort erwähnt. Mit Absicht? Oder war der Name des Korrespondenten dem redaktionellen Gedächtnis einfach entfallen, ähnlich wie jenem Aufseher im Lesesaal des British Museum, der sich, in alten Tagen nach Marx befragt, noch dunkel an einen emsigen Leser dieses Namens erinnerte, von dem dann »keiner mehr etwas gehört hatte«?

V.

»Dein starker Arm«
MARX UND DIE ÖSTERREICHISCHE ARBEITERBEWEGUNG

Die Wurzeln der Arbeiterbewegung in Österreich liegen im Vormärz, doch sie war durch das Scheitern der Revolution von 1848 desorientiert und demoralisiert. So entstand aus den proletarischen Sammlungsbemühungen vorerst keine Organisation, weder Partei noch Gewerkschaft. Der Grund für diese späte Entwicklung waren die überwiegend agrarische Wirtschaftsstruktur und die industriellen Entwicklungsdefizite Österreichs, aber auch ein übermächtiger repressiver Staatsapparat. Schuld trug auch ein harter Fraktionskampf innerhalb der Bewegung, zwischen Radikalen, die auf Gesellschaftsveränderung setzten, und Ökonomisten, die davon ausgingen, dass die wirtschaftliche Entwicklung schon alles im Sinne der Arbeiterschaft richten werde. So dauert es vier Jahrzehnte, bis eine politisch und organisatorisch geeinte Bewegung mit ihrem Programm an die Öffentlichkeit treten und den Anspruch erheben konnte, die Gesellschaft zu beeinflussen und zu verändern.

Das Strafgesetz von 1852 verbot den Streik, Arreststrafen bis zu drei Monaten wurden angedroht. Die bescheidenen Fabrikkassen für notleidende Arbeiter wurden als »sozialistisch« gebrandmarkt, sie galten als staatsgefährlich und wurden aufgelöst. Leichter bei den Behörden hatten es katholische Gesellenvereine wie die Kolping-Bewegung. Als besonders gefährlich galten »walzende«, also wandernde Gesellen, die Informationen aus dem Ausland mitbrachten. Selbst Hilfs- und Unterstützungsvereine für Arbeiter gerieten bald in den Verdacht, subversiv und staatsgefährdend zu sein, das Verbot ließ nicht lange auf sich warten. Die starke Abgeschlossenheit der Habsburgermonarchie gegenüber fortgeschrittenen Staaten verhinderte die Unterstützung und den motivierenden Informationsfluss aus dem Ausland.

Dazu kam: Die Wiener Arbeiterschaft vergaß nicht, dass das revolutionäre Bürgertum sich gegen sie gewandt hatte, das Misstrauen gegenüber dem liberalen Bürgertum hatte seine Berechtigung. Die jungen Intellektuellen, die die Revolution mitgetragen hatten und in der Zeit des Neoabsolutismus in der inneren Emigration waren, hatten jedoch weiterhin Sympathie für die Arbeiterklasse, die die Kämpfe 1848 mitgetragen hatte. So kam es zwischen 1867 und 1870 zu einer Annäherung von liberalem Bürgergeist und Arbeiterbewegung. Teilweise präsentierte sich die Arbeiterbewegung als linker Flügel der liberalen Strömung, fortschrittlich denkende Bürger halfen beim Aufbau der ersten Arbeiterorganisation. Die beiden Organisationstypen, die zunächst auftraten und zur allmählichen Politisierung der Arbeiter führten, waren die Arbeiterbildungsvereine und die Genossenschaften. Sie halfen, die Desorientierung und Demoralisierung zu überwinden und stellten an die Mitglieder hohe moralische Anforderungen: Man musste im Ehestand sein und »auf Aufforderung« eine Bestätigung über seine ordentliche, in sittlicher Beziehung tadellose Lebensweise vorweisen. Ihr Anteil an der Entproletarisierung der Industriearbeiter ist unübersehbar.

Siebenstündige Fahrt mit dem Handwagen

So eine Genossenschaft war der 1856 im kleine Ort Teesdorf bei Leobersdorf in Niederösterreich konstituierte erste »Konsumverein«. Das Mutterland dieser Idee war England, wo 1844 einige Flanellweber den ersten Konsumverein gründeten. In Teesdorf gab es eine schon 1803 existierende k.k. privilegierte Baumwollspinnerei, eine der ersten und größten Maschinenspinnereien in Niederösterreich mit fast 600 Arbeitern. Die Gründung einer Konsum-Genossenschaft hatte das Ziel, »die Beschaffung der für die Mitglieder erforderlichen Nahrungsmittel im großen zur Erzielung möglichst billiger Anschaffungspreise« zu bewerkstelligen. Nicht nur Nahrungs-, auch Genussmittel und andere Produkte des täglichen Bedarfs, die wegen der steigenden Preise unerschwinglich waren, wurden bereitgestellt. Die Devise war: Gemeinsam und dadurch billiger einkaufen. Der Beginn war denkbar minimalistisch: Jede Woche machten sich zwei Arbeiter der Spinnerei mit einem Handwagen auf die siebenstündige Reise nach Wiener Neustadt und zurück, kauften dort möglichst billig Lebensmittel ein, die dann in den Räumen der Fabrik verkauft wurden. Es dauerte einige Jahre, bis der Handwagen durch einen Pferdewagen ersetzt werden konnte. Es dauerte bis 1873, bis der Konsumverein ein kleines Haus erwerben und darin einen Laden einrichten konnte.

Die Wollwebergesellen gehörten zu den Ärmsten unter den Arbeitern, sie verdienten oft weniger als Taglöhner. 17 von ihnen gründeten am 10. Oktober 1864 im Gasthaus »Zum Grünen Baum« in Wien-Fünfhaus den »Ersten Niederösterreichischen Arbeiter-Consumverein.« Die Genossenschafter verpflichteten sich, wöchentlich 10 Kreuzer zum gemeinsamen Einkauf beizutragen. Als dann noch weitere Teilnehmer dazukamen, genügte das, um den ersten Sack Mehl gemeinsam einzukaufen. Bald gab es auch Brot, Reis, Schmalz, Kerzen, Seife und Zwetschken zu kaufen. Die Seidenweber gründeten den »Arbeiter-Spar- und Konsumverein Fünfhaus«. Da zu wenig Geld für ein Vereinsgebäude vorhanden war, schrieb man ein Gesuch an den Kaiser. »In tiefster Demut« wurde die Bitte vorgetragen, dem Verein »eine gnädige Unterstützung als Aushilfe zu gewähren«. Mit Erfolg, der Kaiser bewilligte 500 Gulden. Bald reichte das Geld für den Bau einer eigenen Bäckerei. Und so ging es weiter. Anfangs überwog der handwerksmäßige Charakter, erst später wurde die industrielle Arbeiterschaft zum Träger der Bewegung. Es fehlte nicht an schweren Auseinandersetzungen mit Behörden und der Lobby der Lebensmittelhändler, immerhin gab es in Österreich 1870 420 Konsumvereine. Die sozialdemokratische Arbeiterbewegung trat der Idee erst um die Jahrhundertwende näher. Die Konsumvereine waren der Vorläufer des »Konsum Österreich«, der in der Zweiten Republik mit 800 Einzelmärkten bis zu seiner Insolvenz 1995 ein großer Player im österreichischen Einzelhandel war.

Eifriges Sparen und fleißiges Lernen

Die Mehrzahl der Konsumvereine wurde von und für Arbeiter gegründet, aber oft wurden sie von bürgerlichen Beamten organisiert. Als Folge von Königgrätz zwang man mit dem Durchbruch des politischen Liberalismus den katholischen Konservatismus in die Defensive. Prominente Liberale stellten sich an die Spitze der neuen Arbeiterbildungsvereine. So mancher sich dem »Fortschritt« verpflichtet fühlende Fabrikant in der Provinz schloss sich der neuen Idee an. In Steyr war es Josef Werndl, einer der großen österreichischen Unternehmer des 19. Jahrhunderts, der an die Spitze des Arbeiterbildungsvereines trat. In Wels saß im Vorstand des Vereins überhaupt kein Arbeiter, es gab hier keine Großbetriebe. Die politische Struktur einer Genossenschaft ließ sich übrigens auch am jeweiligen Warenangebot erkennen: Das wichtigste Indiz war der Alkoholumsatz. Dominierten die Arbeiter, wurde kein Alkohol verkauft, wurde Wein und Schnaps angeboten, signalisierte das liberale Dominanz. Bruchstellen in diesen klassenübergreifenden Verbindungen ergaben sich, als der Freiheitsgeist der Arbeiter erwachte und sie sich herausnahmen, Besitzerwerb und Profitstreben auf Kosten der Massen zu kritisieren. Solchen »Aufwieglern« wurde dann die Begrenztheit bürgerlicher Freiheit vor Augen geführt.

Die Meinungsverschiedenheiten unter den politisch wachen Arbeitern kreisten vor allem um die Frage, ob man sich als fort-

Eine Filiale des »Konsumverein Vorwärts« im Jahr 1908

schrittlicher Flügel dem liberalen Bürgertum anschließen oder als eigenständiger Machtfaktor auftreten sollte. Aus Deutschland kamen die Ideen von »Selbsthilfe« und »Staatshilfe«. Die eng mit dem Namen des Ökonomen Hermann Schulze-Delitzsch verbundene Parole der Selbsthilfe besagte, dass die soziale Frage auf dem Boden der bestehenden Staats- und Gesellschaftsordnung zu lösen sei, nämlich mittels aus Spareinlagen finanzierten Genossenschaften. Durch eifriges Sparen und fleißiges Lernen könnte auch ein Arbeiter den Aufstieg schaffen. Die Selbsthilfe-Idee war durch und durch bürgerlich und vielen Arbeitern, die in Handwerks- und Kleinbetrieben beschäftigt waren, sympathischer. Sie konnte in Österreich Fuß fassen, weil viele Handwerksgesellen, Arbeiter städtischer Kleinbetriebe, »Abgewirtschaftete« der Landwirtschaft und des Kleingewerbes zur Arbeiterbewegung stießen. Sie alle waren durch die Politik der Restaurationszeit und die vorherrschende bürgerliche Ideologie geprägt worden.

Für Karl Marx war Schulze-Delitzsch ein »seichter Manchester-Liberaler«, der versuchte, die Arbeiterbewegung zu einem Instrument der Bourgeoisie zu machen und das erwachende Klassenbewusstsein des Proletariats zu unterdrücken. Die Arbeiter sollten durch diese soziale Demagogie, diesen liberalen Patriarchalismus, zu einem Beifall klatschenden Chor für die bürgerliche Politik degradiert werden. Demgegenüber stand der Grundgedanke der »Staatshilfe«. Ferdinand Lassalle verwies die Arbeiterbewegung auf den Staat, mit dessen Unterstützung sie eigene Assoziationen gründen sollten. Das bedeutete die Notwendigkeit des politischen Kampfes und die Lösung der Arbeiterpartei vom Bürgertum. Lassalle hatte Erfolg, auch in Österreich, als der Gegensatz zwischen Bourgeoisie und Proletariat an Schärfe zunahm.

Klassenversöhnung und friedliches Nebeneinander

Die Propaganda Lassalles zur proletarischen Organisation kam den Ideen von Vereinsfreiheit und allgemeinem Wahlrecht mehr entgegen. Seine Forderungen waren: Organisation einer eigenständigen politischen Partei, Staatshilfe, das heißt, die Arbeiter sollten vom Staat Kredit erhalten, um Genossenschaften zu gründen, mit denen man die Kapitalisten niederkonkurrieren konnte. Auch Lassalle blieb innerhalb bürgerlicher Denkformen. Sein unzweifelhaft sozialistisches Engagement führte nicht zu einer konsequenten Abwendung von der bürgerlichen Vorstellungswelt. Er versuchte vielmehr, den Sozialismus in einem Prozess friedlichen Hineinwachsens in die bürgerliche Gesellschaft zu verpflanzen. Die Fesseln könnte man nur ohne Gewalt loswerden, »nur im Frieden, durch die Initiative der Intelligenz und mit der sympathischen Hilfe der besitzenden Klassen«. Das gesetzliche Eigentum sei dabei völlig unantastbar und rechtmäßig. Ziel war also die Klassenversöhnung und das friedliche Nebeneinander. Das beste Mittel zur grundlegenden Veränderung des Staates und der Gesellschaft sei das allgemeine Wahlrecht: »Es ist doch klar, dass unter dem allgemeinen und direkten Wahlrecht der Staat jedenfalls ein ganz anderer sein würde, als der heutige.« Bei Marx sieht der Kampf der Arbeiterklasse hingegen ganz anders aus: Sie könne im Rahmen der kapitalistischen Gesellschaft zwar einzelne Verbesserungen ihrer Situation erreichen, ihre vollständige Emanzipation sei jedoch nur durch eine sozialistische Transformation dieser Gesellschaft möglich. Eine Beschränkung auf Reformen und auf Tagesfragen hält Marx für völlig unangebracht. Warte man zudem, bis der Kapitalismus zusammenbricht, bleibe der Arbeiterschaft nur Passivität. Lassalle lag sehr nahe am Bewusstseinsstand der österreichischen Arbeiterschaft, die auch keine radikale Umwälzung wollte, und rief dennoch mit seiner Forderung nach einer sofortigen Verbes-

Der extreme Kapitalismus der Gründerzeit war ein Hauptfeindbild der österreichischen Arbeiterbewegung (Karikatur aus dem Jahr 1905).

serung der Situation der Arbeiter Begeisterung hervor. Außerdem waren die flammenden Appelle Lassalles klar und einfach formuliert, jeder konnte sie verstehen, anders als das komplizierte Theoriengebäude von Marx' »Kapital« mit seinem hohen Abstraktionsniveau.

In diesem Zusammenhang ist es aufschlussreich, Karl Renners Erinnerung an seine »Kapital«-Lektüre, mag sie auch in einer anderen Zeit erfolgt sein, zu erwähnen: »Ich war schwere Kost gewöhnt, las auch allabendlich ein Stück der ›reinen Vernunft‹ Kants weiter und hatte damit keine besonderen Schwierigkeiten. Hier aber scheiterte ich gänzlich. Von manchen Sätzen war ich wie auf den Kopf geschlagen.« So hatten es die Theorien des Marxismus schwerer, sich in der Arbeiterklasse zu verankern, eher war das »Kommunistische Manifest« bekannt. Es war einfacher, auf die Stimme der moralischen Entrüstung über die Ungerechtigkeit der kapitalistischen Gesellschaft zu hören, als die wissenschaftliche Einsicht in ihre Bewegungsgesetze nachzuvollziehen. Friedrich Engels hat diese Probleme vorhergesehen, als er schrieb: »Eine Schwierigkeit besteht dennoch, die wir dem Leser nicht ersparen konnten: die Benutzung von gewissen Ausdrücken in einem nicht nur vom Sprachgebrauch des täglichen Lebens, sondern auch dem der gewöhnlichen politischen Ökonomie verschiedenen Sinne. Doch dies war unvermeidlich.«

Fieber der Gründerzeit

1867 begann die wirtschaftliche Fieberzeit der Gründerjahre. Die Niederlage von Königgrätz 1866 hatte den Verlust Venetiens und der Stellung Österreichs in Deutschland gebracht. Ein außenpolitisches Debakel also, das aber durch die Klärung der Situation innenpolitisch eine Periode der Prosperität einleitete. Der »Ausgleich« mit Ungarn 1867 regelte die wirtschaftlichen Beziehungen zwischen den beiden Reichshälften. Es gab in diesem Jahr eine »Wunderernte«, einen Eisenbahnboom, eine Flut von Bankenkonzessionen, die Gründung von Aktiengesellschaften, also den endgültigen Durchbruch zum kapitalistischen Zeitalter und Anschluss an das westeuropäische Industriesystem für die Habsburgerländer.

Ab 1871 nahm der Konjunkturaufschwung hektische Züge an, die Spekulationen begannen gefährlich zu werden. In ihrer letzten Phase (bis 1873) führte die Gründerzeit zu einer enormen Verteuerung der Lebenskosten, die Lohnsteigerungen hielten mit der Inflation nicht mit, die Reallöhne sanken. Der Frauenlohn lag noch unter dem Existenzminimum. Die tägliche Arbeitszeit in den Fabriken stieg auf 13 bis 14 Stunden. Die Forderungen nach einem Zehnstundentag wurden im Sinne des liberalen Konzepts, nach dem auch auf dem Arbeitsmarkt das freie Kräftespiel von Angebot und Nachfrage herrschen sollte, zurückgewiesen. Die soziale Situation der Arbeiter verschlechterte sich, die hygienischen und gesundheitlichen Bedingungen der Fabriksarbeit trugen mit Schuld. So verbreitete sich die Tuberkulose, die typische »Proletarierkrankheit«. Für Alter und Krankheit war nur schlecht vorgesorgt. Im Bergbau gab es die Einrichtung der Bruderladen, sie bestand aus den Einlagen der Bergarbeiter und der Arbeitgeber.

5 Prozent ihres Lohnes zahlten die Fabriksarbeiter in eigene Kassen. Forderungen nach Selbstverwaltung der Krankenkassen wurden laut.

Um das große Ziel, das allgemeine Wahlrecht, zu erreichen, war, so Lassalle, die Gründung einer straff organisierten Partei nötig. Doch in Österreich fehlten bis 1867 politische Organisationen völlig. Am 15. November 1867 wurde das Vereinsrecht gesetzlich eingeführt und die Pressefreiheit verfassungsmäßig verankert. Damit entstand die Basis für eine legale öffentliche Betätigung. Die meisten geschichtlichen Darstellungen der österreichischen Arbeiterbewegung beginnen daher mit 1867. Man tut damit freilich den Vorläufern unrecht, dem Klassenbewusstsein, das sich 1848 regte, und den organisatorischen Aktivitäten in den zwei Jahrzehnten danach. Zwar war in dieser Zeit die politische Betätigung verboten, doch das Elend war groß, und die Notwendigkeit von sozialen Fangnetzen führte zur Bildung von Vereinen und Organisationen für Tausende Arbeiter. Hatten sie zugleich damit das Bewusstsein, zu Mitgliedern der Arbeiterklasse zu gehören? Wohl noch nicht.

Die Notwendigkeit der gewerkschaftlichen Organisation und damit des planmäßigen ökonomischen Kampfes lag für Marx auf der Hand. Die Arbeiter würden nur dann eine adäquate Entlohnung erhalten, wenn sie darum kämpften. Daher seien die Gewerkschaften »die eigentliche Klassenorganisation des Proletariats, in der es seine täglichen Kämpfe mit dem Kapital durchficht, in der es sich schult«. Daraus erwachse dann eine politische Bewegung, sie sei unbedingt nötig, denn »politische Macht zu erobern ist die große Pflicht der Arbeiterklasse«. Wenn das auf friedlichem Wege möglich sei, umso besser, die Kommunisten wären die Letzten, die sich dagegen auflehnten. Doch die Entwicklung in allen zivilisierten Ländern habe gezeigt, dass das nicht möglich sei. Die Herrschenden seien nicht gewillt, ihre Macht ohne erbitterte Gegenwehr abzugeben. Mit dem allgemeinen Wahlrecht den Kapitalismus zu überwinden sei reine Fiktion: daher die

Versammlung des »Ersten Allgemeinen Wiener Arbeiterbildungsvereins« im Jahr 1868

Revolution mit möglichst vielen Verbündeten. Genaue Rezepte dafür gab Marx für die einzelnen Staaten nicht, die Vorbereitung der Revolution obliege den jeweiligen sozialistischen Parteien.

»Ihr österreichischen Arbeiter wart nur scheintot«

War das österreichische Proletariat reif für diesen Prozess der Selbstbefreiung beginnend von der gewerkschaftlichen Organisation bis hin zum Sturz der Herrschenden? Die älteste Form gewerkschaftlicher Organisation in Österreich waren die sogenannten Unterstützungskassen, sie finden sich zuerst bei den Buchdruckern. Frühe Streikfonds waren das nicht, oft standen sie unter katholischer Patronanz und waren am ehesten Wohltätigkeits- und Humanitätsvereine. Streiks gab es zunächst in überregionaler Form überhaupt nicht, sondern sie entstanden spontan, waren kurzlebig, von geringem Erfolg, etwa in Bergbaubetrieben.

Auf der Grundlage der neuen liberaleren Gesetze entstand 1867 der »Erste Allgemeine Wiener Arbeiterbildungsverein«. Der Name war eine taktische Floskel, eine deklariert politische

Organisation war nach der Gesetzeslage nicht möglich. Aber es war nicht nur Taktik: Man nahm es mit der Bildung sehr ernst, geistige Rückständigkeit wurde ursächlich mit sozialer Deklassiertheit in Verbindung gebracht. In der Provinz standen Bürgerliche an der Spitze, aber in den Großstädten und Industrieorten wurde dieser Einfluss bald abgeschüttelt und man begann sich mit den Positionen von Ferdinand Lassalle zu identifizieren. Anfang der 1870er-Jahre fassten im landwirtschaftlich-kleingewerblichen Wien von Lassalle beeinflusste Gruppen Fuß, während in den Industriebezirken der Steiermark und in Wiener Neustadt radikalere Positionen verbreitet wurden. Damit begann eine kontinuierliche Entwicklung, die bis hin zum Austromarxismus verfolgt werden kann. Österreichs Arbeiterschaft war in dieser kurzen Zeitspanne eine Hoffnung für die Linke, das bewies ein »Brudergruß an die Arbeiter in Wien und ganz Österreich« von der sozialistischen Internationale: »Mit Überraschung habt ihr der Welt bewiesen, dass ihr nur scheintot waret, dass das Feuer der Freiheit unter der Asche bei euch fortglomm und nun zur Erwärmung aller Herzen und Erleuchtung aller Geister in heller Flamme auflodert.« Zur gleichen Zeit hatte Bismarck in Preußen das Parlament bereits ausgeschaltet.

Das erste selbstständige Publikationsorgan der Arbeiter in Österreich war die »Volksstimme«, eine sechs bis acht Seiten umfassende Zeitung, die erstmals am 11. April 1869 erschien, dem Geburtstag Lassalles. Die Zeitung enthielt viel: einen Leitartikel, einen Fortsetzungsroman, auch immer wieder Gedichte, aber keine theoretischen Artikel, keinen Originaltext von Marx, keinen von Engels, keinen von Lassalle. Thematischer Schwerpunkt war zwar die Arbeiterbewegung, die Ausrichtung lassalleanisch, wobei nur die systemfreundlichen Aspekte Lassalles angeführt werden, nicht die revolutionären. Wenn die Regierung »auf der Bahn des Fortschritts und der Freiheit mutig vorwärts schreitet«, würde man sie unterstützen.

Enge Verbundenheit mit der deutschen Partei

Dass in Wien Lassalle dominierte, ist auch erkennbar am »Manifest an das arbeitende Volk in Österreich«, das am 10. Mai 1868 beschlossen wurde. In der jungen Bewegung wurden Marx und Engels rege rezipiert, im »Arbeiterblatt« erschien das »Kommunistische Manifest«, abgedruckt in Fortsetzungen, und Auszüge aus dem ersten Band des »Kapital.« Das Echo war nicht außerordentlich groß, kein Wunder, wenn man sich die komplexen Formulierungen von Karl Marx' Hauptwerk vor Augen führt. Die komplette Führung der österreichischen Arbeiterbewegung war bis auf wenige Ausnahmen aus Deutschland zugewandert, die Verbindungen mit den deutschen Sozialdemokraten sehr eng, ohne dass man sich über die Fraktionskämpfe beim Nachbarn genauer informierte. Am 25. Juli 1869 sprach Wilhelm Liebknecht in Wien, 8000 Arbeiter hörten ihm zu. In der »Volksstimme« wurde der Einigungskongress der deutschen Sozialdemokratie in Eisenach herzlich begrüßt und die Statuten, die dort beschlossen wurden, abgedruckt. Die Österreicher schlossen sich der Eisenacher Partei um Bebel und Liebknecht an. Noch hielt man die Trennung Österreichs vom Deutschen Bund für eine vorübergehende Erscheinung – trotz Königgrätz.

Liebknecht sagte in seiner Rede vor den Wiener Arbeitern: »Die jetzige Ausschließung Österreichs aus Deutschland ist nur eine provisorische, vorübergehende. Österreich muss wieder zu Deutschland zurückkehren, aber nicht zu dem Deutschland Bismarcks, sondern zu einem freien, auf demokratischer Grundlage geeinten.« Man dachte eben international. Die großdeutsche Konzeption der österreichischen Sozialdemokratie, die bis zur Machtübernahme Hitlers existierte, wurde später nur aus der Situation von 1918 bewertet, doch man sollte auch diese frühere Verflochtenheit der österreichischen Sozialdemokratie mit den Vorgängen in Deutschland berücksichtigen. Kein Wunder, dass im ersten Hochverratsprozess von 1870 gegen die österreichische

Sozialdemokratie gerade die Nähe zur deutschen Organisation als Anklagepunkt verwendet wurde. Freilich: Durch die zugewanderte Führungsgarnitur fehlte der Bewegung die einheimische Basis, dazu kam das Entwicklungsgefälle innerhalb der Regionen. In der Provinz war man gar nicht imstande, die theoretischen Diskussionen auch nur annähernd nachzuvollziehen. So kann man vor 1874 nicht von der Existenz einer österreichischen Sozialdemokratie sprechen.

»Was Sie da machen, ist Revolution«

Daneben gab es auch Kontakte der österreichischen Bewegung zur »Internationalen Arbeiter-Assoziation« IAA, dadurch rückte man wieder näher an Marx heran. Einige traten ihr bei, vor allem die führenden Funktionäre, nicht aber die gesamte Organisation. Der IAA-Kongress in Basel fand in der »Volksstimme« ein lebhaftes Echo, allerdings mit einer deutlichen Distanzierung: »Leider können wir uns nicht mit allen Beschlüssen einverstanden erklären.« Konkret ging es um die Aufhebung des Privateigentums, eine solche Forderung biete »den Feinden der Sozialdemokratie ein willkommenes Mittel, um die Masse der Landbevölkerung gegen unsere Partei aufzuwiegeln.« Daher die rigorose Schlussfolgerung: »Im Namen derselben erklären wir hiermit, dass die Sozialdemokratie in Österreich derartige Beschlüsse missbilligt ... Wir bleiben auf dem sozialdemokratischen Boden stehen und weisen diktatorische Machtansprüche zurück, sie mögen von Berlin oder London kommen.« (13. Oktober 1869).

Zwei Monate danach, im Dezember 1869, kam es in Wien auf dem Glacis zur ersten Massendemonstration von Arbeitern, 20.000 Teilnehmer forderten allgemeines Wahlrecht, Koalitions-, Versammlungs- und Pressefreiheit. »Wien hörte zum ersten Mal den dröhnenden Schritt der Arbeiterbataillone als Ouvertüre eines weltgeschichtlichen Schauspiels, das mit dem Triumph der Arbeiter enden muss« (Heinrich Scheu, Arbeitervertreter). Das

Proletariat hatte unüberhörbar an die Tore gepocht. Die Regierung fackelte nicht lange und ließ die Mitglieder der Delegation, die die Forderungen überreichten, verhaften. »Was Sie da machen, ist Revolution«, rief der damalige Ministerpräsident Eduard Graf Taaffe.

Die »Volksstimme« wurde eingestellt, Nachfolger wurde der »Volkswille«. Auch diese Zeitung erschien ohne Anzeigen, man hielt das ganze »Annoncenwesen« für unmoralisch. Die Arbeiterpresse war bis zur Konstituierung der Sozialdemokratie in Österreich das wichtigste Instrument der Organisierung, die Redaktion war faktisch ident mit der Parteiführung. Die Zeitung galt als der »mächtigste Hebel zur Verbreitung der Prinzipien der Sozialdemokratie«. Verhaftungen und Ausweisungen von Agitatoren reduzierten den Redaktionsstab, doch an professionellen Journalismus war ohnehin nicht zu denken. Die Publikation war eher ein Organ, mit dem man sich austauschte. Da hieß es schon mal in einer Rubrik: »Da ein schriftliches Ermahnen nichts nützte, so wird Frl. Juliane Hoffmann hiemit öffentlich aufgefordert, die schon längst zu einem geselligen Abende übernommenen Karten zu bezahlen.« Auch im »Volkswillen« nahmen sich die von Marx inspirierten Anteile bescheiden aus, Lassalle hingegen wurde fast religiös verehrt. Das heißt nicht, dass Marx und Engels in Österreich unbekannte Größen waren. Man zitierte sie aber nur, wenn die Gedanken gerade passten oder wenn man durch Zitate beweisen wollte, dass man kein Parteigänger der Bourgeoisie war. Wiederholt tauchten nun in der Zeitung die Begriffe »Arbeitnehmer« und »Arbeitgeber« auf, Engels wetterte heftig dagegen, den Kapitalisten als »Arbeitgeber« zu bezeichnen. So eine Verrücktheit!

Die Brandfackel der Zwietracht

Aufforderungen, bei Streiks vorsichtig zu sein, findet man im »Volkswillen« schon 1870. Im Hochverratsprozess von 1870 wurde so gut wie die gesamte Führungsgarnitur wegen der Beziehungen zur deutschen Sozialdemokratie vor Gericht gestellt. Es war klar, dass man die Anführer hart anging, um die ganze Bewegung empfindlich zu treffen. Man unterstellte ihnen, die »Anwendung gewaltsamer Mittel« zu planen, um ihre sozialen Anliegen durchzusetzen. Sie kamen durch eine Amnestie ein Jahr danach wieder frei, doch ein Konsolidierungsprozess ließ auf sich warten. Die aus Deutschland bekannte Fraktionierung machte auch der Bewegung in Österreich zu schaffen. Da war Heinrich Oberwinder, Anhänger von Karl Marx, Mitglied der IAA, aber dennoch entschlossen, auf die Zusammenarbeit mit der liberalen Bourgeoisie zu setzen. Auf der anderen Seite Andreas Scheu, der mit seiner radikaleren Konkurrenzzeitung »Gleichheit« bei den Arbeitern großes Ansehen genoss, er wollte der österreichischen Arbeiterbewegung ein stärkeres marxistisches Profil geben. Die Gegner beschimpften einander als »moralisch verkommene Individuen«, die aus schnödem persönlichem Ehrgeiz die »Brandfackel der Zwietracht« unter die bisher einigen Parteigenossen schleuderten. Die bürgerliche Presse lobte Oberwinder für seine maßvolle Art, doch zunächst gelang der Gruppe um Scheu ein Coup: Die Versammlung von Neudörfl zu Ostern 1874, die zunächst in Baden geplant war, dort aber untersagt wurde.

Andreas Scheu setzte sich beim Neudörfler Parteitag, dem Gründungsparteitag der österreichischen Sozialdemokratie, zu dem sich 74 Delegierte aus etwa 50 Orten am 6. April 1874 einfanden, mit seinen Ideen durch. Langsam begann mit dem »Neudörfler Programm«, das nach Herbert Steiner »eine ausgezeichnete Grundlage zum Aufbau einer selbständigen Arbeiterpartei« bot, die Ablösung von den Lassalle'schen Dogmen. Oberwinder war nicht erschienen. Nun berief man sich wieder häufiger auf Marx, 1874 erschien im »Arbeiter-Kalender« eine Übersicht über sein Leben und Werk. Der Autor hob die große Bedeutung von Marx hervor, denn: »Jeder große Kampf wurde erst auf dem Gebiete der Theorie ausgefochten.« Das Neudörfler Programm rezipierte die in Deutschland vorhandene Marxismusdiskussion, zugleich

Der Leitha-Gasthof in Neudörfl, Schauplatz der Proklamation des »Neudörfler Programms« 1874

ging man auf die Situation des Vielvölkerstaates ein: Die nationale Gliederung der Genossen sei kein Hindernis beim gemeinsamen Streben nach materieller Befreiung. Aus privaten Gründen verließ Andreas Scheu aber kurz danach Österreich, ging nach England und spielte dort eine wichtige Rolle bei den Arbeiterorganisationen.

Die »natürliche Aufgabe« der Frau

In der Frauenfrage emanzipierte sich die Arbeiterbewegung schon früh vom bürgerlichen Patriarchalismus. Die Proletarierin sollte zusätzlich zur Ausbeutung durch den Kapitalisten nicht auch noch die Unterdrückung durch den Proletarier ertragen müssen. Mitte der 1870er-Jahre tauchte das Thema Frauen in den Diskussionen der Arbeiterbewegung auf, dem voran ging ein kaiserliches Dekret, das die Betätigung der Frauen in politischen Vereinen verbot. Getreu dem Marx'schen Diktum: »Der gesellschaftliche Fortschritt lässt sich exakt messen an der gesellschaftlichen Stellung des schönen Geschlechts.« Karl Kautsky schrieb in der »Gleichheit« eine Artikelfolge zum Thema »Die Vorbedingungen der Frauenemanzipation«. Die Diskussionen in der Folge waren sehr angeregt: Stand die Frau auf einer tieferen Stufe der Entwicklung? Physisch? Psychisch? Moralisch? Man war sich da nicht immer einig. Gebührte ihr das Wahlrecht? Waren nicht Haushalt und Mutterschaft die natürlichen Aufgaben der Frau? Die Industrialisierung hatte auch zu einem Ansteigen der Zahl von arbeitenden Frauen geführt, 1880 waren mehr als 24 Prozent der Beschäftigten in den Großbetrieben Wiens Frauen. War das gut? Kautsky trat für die finanzielle Unabhängigkeit der Frau ein, sie sollte sich auch von ihrem Mann trennen dürfen, aber er wandte sich angesichts der Lohndrückerei gegen die Erwerbstätigkeit der Frauen. Erst wenn der sozialistische Staat gegründet sei, sollten die Frauen arbeiten.

In Neudörfl sprach sich die Bewegung für den Kampf um das allgemeine, gleiche und direkte Wahlrecht aus. Doch Schritt für Schritt erwies sich das Vertrauen in das allgemeine Wahlrecht als geeignetes Mittel zur Transformation vom bürgerlichen in den sozialistischen Staat als erschüttert. Die große Depression der 1870er-Jahre erschwerte eine gedeihliche Entwicklung. Als sich durch die Krise der Gründerzeit die sozialen Konflikte verschärften, wurden die politischen und wirtschaftlichen Rahmenbedingungen für eine sozialdemokratische Bewegung ausgesprochen schlecht. Die Arbeitslosigkeit war hoch, die Behörden wiesen Personen, die sie für subversiv hielten, einfach aus Wien aus. Erste Streikwellen gab es um 1870, da herrschte noch Hochkonjunktur, die kleinen Meister nahmen anfangs teil, wandten sich jedoch spätestens dann ab, wenn ihre Vorstellung von Privateigentum nicht mehr gewahrt wurde, etwa bei Plünderungen. Eine frühe Solidaritätsaktion registrierte die Staatspolizei im August 1874 in Steyr, wo anlässlich der Delogierung einer Arbeiterfamilie eine aufgebrachte Menge ein Haus stürmte und die Möbel des Hauseigentümers auf die Straße warf, jene der delogierten Arbeiterfamilie hingegen wieder ins Haus zurücktrug. Militär wurde eingesetzt, um den Krawall zu beenden.

Anarchistischer Einfluss

Neue proletarische Schichten bildeten sich heraus: sozial Deklassierte aus dem Kleinbürgertum, Opfer der Wirtschaftskrise. Sie waren in der bestehenden Arbeiterbewegung nicht verwurzelt und daher anfällig für Parolen, die die Lösung der Probleme hier und jetzt versprachen. Damit begann die kurze Phase des anarchistischen Einflusses in Österreich. Die deutschen »Sozialistengesetze« von 1878 wirkten sich auch hierzulande aus. Es regte sich Widerstand über den opportunistischen Kurs des Zurückweichens vor dem Klassengegner. Das schlug auch auf die Kooperation zwischen Arbeitern und Liberalen durch. In dieser Phase der ideologischen Orientierungslosigkeit zogen sich die letzten liberalen Intellektuellen aus der Arbeiterbewegung zurück. In ländlichen Gegenden blieben jedoch weiterhin Bürgerliche in führenden Funktionen, etwa Lehrer, die an die Spitze der Arbeitergesangsvereine traten, Lesezirkel leiteten und Sport betrieben. Die Repression durch den Staatsapparat nahm gegen Ende der 1870er-Jahre immer mehr zu. Nun tendierte der größte Teil der politisch aktiven Arbeiter der Habsburgermonarchie zu radikalen Ansichten, nur wenige hielten an der früheren Mischung aus marxistischer Ökonomie und Lassalle'scher Ideologie fest. Durch wandernde Handwerksburschen kamen anarchistische Gedanken auch nach Österreich, die Aktivitäten kleiner individualistisch-terroristischer Gruppen führten zu stärkerer Repression und Unterdrückung.

Im Zentrum der anarchistischen Auffassungen nach Michail Bakunin, ihrem Vordenker, stand die Verwirklichung von Freiheit in einem herrschaftsfreien System, es dürfe keine Herrschaft und Autorität geben, der Staat müsse beseitigt werden, am ehesten mithilfe des Massenstreiks. Reformen? Nur ein verbrecherisches Täuschungsmittel der Arbeiterklasse. Politische Organisierung? Ein überflüssiges Zwischenspiel. Die Revolution entstünde spontan, unterstützt von Terror, die Revolution heilige alle Mittel.

In der Arbeiterbewegung kämpften ein Jahrzehnt hindurch der gemäßigte und radikale Flügel ideologisch gegeneinander: Großdemonstration in Wien für ein allgemeines Wahlrecht (1905).

Daher die entschiedene Ablehnung der Sozialdemokratie: »Wir müssen das Volk nicht belehren, sondern zum Aufstand führen.«

So kam es 1875 zu einem neuerlichen Parteitag in Marchegg, um die anstehenden organisatorischen Probleme zu klären. Er wurde von der Polizei kurz nach der Eröffnung gesprengt, die behördlichen Verfolgungen machten der Organisation schwer zu schaffen, auch intern konnte man sich nicht auf eine Linie einigen: Zurück zum Neudörfler Programm? Oder den Ideen Oberwinders folgen? Das Sozialistengesetz Bismarcks, »gegen die gemeingefährlichen Bestrebungen der Sozialdemokratie« am 19. Oktober 1878 erlassen, trieb die deutschen Sozialdemokraten in die Illegalität und bedeutete zugleich den Tiefpunkt der österreichischen Arbeiterbewegung. Die große Schwesterpartei mit inzwischen einer halben Million Wähler, der man Orientierung und Richtung verdankte, existierte auf einmal nicht mehr. Für viel Arbeiter wurde damit klar: Es hatte nichts gebracht, sich gesetzestreu auf dem Boden der Legalität zu bewegen, eine Verbesserung der Situation war damit nicht erreicht worden, im Gegenteil. Der Staat hatte sich in seiner ganzen Repressivität entlarvt. Damit begann eine neuerliche, diesmal wirklich tiefe Spaltung, die ein Jahrzehnt lang andauerte.

»15 volle Jahre haben wir gebettelt«

Fast jeder Arbeiter besaß 1880 in Steyr, so die Behörden, ein Exemplar der »Freiheit«, ein von Londoner Emigranten gedrucktes Blatt. Ebenfalls illegal verbreitet wurde der »Sozialdemokrat«, er war gemäßigter und wurde in Zürich gedruckt. Die radikale Fraktion erhielt das Übergewicht, eine Parteikonferenz in Graz 1880, die eine Brücke hätte schlagen können, wurde von den Behörden zerschlagen. Die Gemäßigten in der Partei hielten hingegen am Neudörfler Programm fest. Sie wollten den Kampf auf dem Boden der Gesetze führen, waren in Städten mit mittel- und kleinbetrieblicher Struktur vertreten und bestanden aus Anhängern Lassalles. Die Radikalen dominierten in Städten mit Großbetrieben. Sie hatten eine Affinität zum Anarchismus beziehungsweise seiner Spielform, dem Syndikalismus. Sie lehnten den bürgerlichen Staat ab, das Wahlrecht interessierte sie nicht, sondern die Machtübernahme durch einen Generalstreik ohne parlamentarisch-politische Aktivität. Für Gewalt und Terror hatte der Syndikalismus allerdings nichts übrig, diese Gruppierungen existierten zwar, waren aber isoliert. Dennoch machten sie der Bewegung das Leben schwer.

Ende 1881 erschien zum ersten Mal in der »Zukunft« ein frontaler Angriff auf das allgemeine Wahlrecht, damit war die Kontroverse zwischen den »Gemäßigten« und den »Radikalen« eröffnet. Die ganze Wahlrechtsdiskussion wurde nun diskreditiert als »Einschläferungsmittel der herrschenden Klassen«, die nur dazu diene, dem Volk Sand in die Augen zu streuen. Das Beispiel Deutschland habe gezeigt, dass das allgemeine Wahlrecht keine entscheidende Verbesserung für die Arbeiter gebracht habe, nicht einmal die Sozialistengesetze Bismarcks konnte man verhindern. Der nächste Schritt in der Argumentation war dann die Verurteilung aller Reformbemühungen. »Nein, Arbeiter Österreichs! 15 volle Jahre haben wir gebettelt, wollten wir eine Reformpartei sein – und man hat nichts getan, um dieser unserer Neigung durch die winzigsten

Reformen zu entsprechen«, so die »Zukunft« 1882. Daher: Weg mit der Disziplin! Weg aber auch mit den »Palliativsozialisten« Marx und Engels! Zwei Jahre lang dominierte Josef Peukert, eine umstrittene Persönlichkeit, die 1881 in Wien auftauchte, die Bewegung. Victor Adler nannte ihn später den »bösen Geist« der Arbeiterbewegung, er wurde zunächst bewundert und verehrt wie ein Messias, später als charakterlos und verräterisch verdammt. Jedenfalls war er ein talentierter Wanderredner, radikal, international gut vernetzt, gerade erst 26 Jahre alt, und eine Zeit lang unbestrittener Führer der Wiener Partei.

Radikale und »Wassersuppensozialisten«

1882 trafen sich die Reste der Gemäßigten in Brünn zu einem Parteitag, die Radikalen boykottierten ihn. Es kam ein Programm zustande, das sich in einigen Punkten schon als Vorläufer von Hainfeld erwies, etwa in dem Prinzip, dass die Sozialdemokratie sich »aller zweckdienlichen und dem natürlichen Rechtsbewusstsein des Volkes entsprechenden Mittel bedienen wird«. Die Gemäßigten begrüßten die Ansätze einer Sozialgesetzgebung, die von der Regierung Taaffe 1883 initiiert wurde, dazu gehörte die Einführung des Normalarbeitstages. Man lud auch die Vertreter der Arbeitervereine zur Parlamentsenquete, die Radikalen nannten das »Täuschungsmanöver« und nannten die Gemäßigten »Wassersuppensozialisten«. Die Fronten hatten sich so verhärtet, dass an eine Einigung nicht zu denken war.

Dabei führten die Sozialgesetze der Regierung Taaffe zu einigen Erleichterungen für die Arbeiter, ein Gewerbeinspektorat wurde eingeführt, das sich bewährte und zur Abstellung der schlimmsten Auswüchse führte. Doch nach dem Prinzip »Zuckerbrot und Peitsche« war die Regierung bei der Verfolgung der politischen Organisationen der Arbeiter umso rigider. Spitzel und Provokateure wurden eingesetzt. Zwei Provokateure der Polizei, Hermann Stellmacher und Anton Kammerer, boten mit bestellten Attentaten den Vorwand für die Verhängung des Ausnahmezustandes am 30. Jänner 1884 in Wien, Korneuburg und Wiener Neustadt. Anarchistische Flugblätter, die die Attentate billigten, arbeiteten der Polizei in die Hände. Es kam zu Massenverhaftungen und -ausweisungen.

Die Radikalen, mit der Arbeit in der Illegalität inzwischen vertraut, traf das nicht unvorbereitet. Peukert hatte am Tag vor dem 30. Jänner Österreich in Richtung Schweiz verlassen, er entging so der Verhaftung, was angesichts der Spitzelseuche auch ihn in den Verdacht brachte, mit der Polizei zu kooperieren. Hunderte wurden ausgewiesen, sie gingen überwiegend in die Steiermark und nach Oberösterreich und verstärkten dort das radikale Segment. Linz und Graz wurden Zentren der Anarchisten. Doch immer wieder gelang es der Polizei, Spitzel in die Organisationen einzuschleusen, die dann zu den Provokationen führten, die wiederum Verhaftungen ermöglichten. Gegen ihren Willen arbeitete so die terroristische Fraktion den Polizeibehörden in die Hände. Durch diese Schwächung bekamen allmählich wieder die gemäßigten Fraktionen Oberhand, der anarchistische Einfluss ging merkbar zurück. Karl Kautsky konnte 1884 an Engels schreiben: »Was unsere Partei anbelangt, so ist der Anarchismus wenigstens in Wien tot. Es finden bereits offen Besprechungen der Delegationen der verschiedenen Vereine statt, um wieder ein gemeinsames Zusammengehen zu ermöglichen.«

Aufsteiger und jüdische Intellektuelle

Es gab also wieder Hoffnung, die Einheit der Arbeiterbewegung herzustellen. Das fiel zeitgleich mit dem Auftauchen von Victor Adler zusammen. Neues Publikationsorgan wurde »Die Wahrheit«, sie existierte von 1881 bis 1884 und nannte sich »Sozialdemokratisches Organ«. In den Artikeln spiegelt sich wider, wie wichtig das Thema Bildung nun für die Partei wurde. »Durch Bildung zur Freiheit!« ist das Leitmotiv fast aller Artikel zur

Victor Adler (1852–1918), der »neue starke Mann« in der österreichischen Sozialdemokratie (Bildmitte, Foto um 1910)

Parteistrategie. Die geistige Bildung der Arbeiter gilt als überlebenswichtig. Trotz dieser grundsätzlichen Übereinstimmung war der Weg zur Einheit ab 1884 mühsam. Er wurde gefördert und vorangetrieben durch die Rückkehr der Intellektuellen in die Arbeiterbewegung. Es waren dies jüdische Angehörige eines nationalliberalen großbürgerlichen Milieus, die sich ihrer früheren politischen Heimat entfremdeten, als sich dort der antisemitische Deutschnationalismus breitmachte. Sie fanden in den 1880er-Jahren in der Sozialdemokratie eine neue politische Heimat, die Gegner sprachen nun von der »Judenpartei«. Meist waren sie gute Theoretiker, Marxisten, links von der Mitte, weniger an der gewerkschaftlichen Arbeit interessiert. Für ihren Hauptrepräsentanten, Victor Adler, traf dies allerdings nicht zu. Die zweite Gruppe, die sich rechts der Mitte positionierte, gehörte zur deutschen Aufsteiger-Intelligenz, meist aus ländlichen Verhältnissen und sensibel in Sozialfragen, weniger geschult in Marx-Engels-Lektüre, sondern interessiert an Gewerkschaftsarbeit, mitunter auch deutschnational denkend, wie man an Karl Renner sehen wird.

Victor Adler war ursprünglich Mitglied des deutschnationalen Lagers, wurde aber durch den dort grassierenden Antisemitismus vertrieben. Politisch heimatlos geworden, als junger Arzt mit einer starken sozialen Ader, nahm er sich der Ärmsten Wiens an und kam so in Kontakt mit der Arbeiterbewegung. Er war nicht involviert in die Fraktionskämpfe und somit eine ideale Integrationspersönlichkeit. Seine neu geschaffene Zeitung »Gleichheit«, in die er sein Vermögen steckte, stand allen Fraktionen offen und entwickelte sich zum brauchbaren Organ zur Agitation und Schulung der Genossen. Ihr Hauptziel war jedoch, die Einheit der Sozialdemokratie herbeizuführen. Hier wurden die Diskussionen über Strategie und Taktik ausgetragen, offensiv wurden Missstände angeprangert. Am 8. Jänner 1887 etwa erschien ein Artikel über »Die Lage der Bäckergehilfen in Wien.« Er brachte eine detaillierte Schilderung des Alltags in einer Backstube mit bis zu 17 Stunden Arbeit täglich. Berühmt wurde die Reportage von Victor Adler über die Zustände in den Wienerberger Ziegelwerken: »Die Wienerberger Aktiengesellschaft gibt ihren Arbeitern auch Wohnung, ja sie verbietet ihnen, auswärts zu schlafen. Die Wohnungsverhältnisse sind aber die denkbar schlechtesten. Insbesondere sind die Partiearbeiter gezwungen, in unventilierten, überfüllten Räumen auf altem Stroh Körper an Körper geschlichtet zu schlafen.« Adler hatte sich durch einen illegalen Aufenthalt in den Ziegelwerken Einblick verschafft und konnte so die Missstände aufdecken.

Gut österreichische Kompromissfähigkeit

In der Argumentation arbeitete die »Gleichheit« vor allem mit Marx, der Einfluss von Lassalle trat in den Hintergrund. Die Elite der österreichischen Arbeiterbewegung kannte die Hauptthesen der marxistischen politischen Ökonomie sehr gut, setzte sich damit auseinander und versuchte, sie anzuwenden, und das umso mehr, je mehr Erfahrung sie im Klassenkampf gesammelt hatte. Brigitte Perfahl resümiert: In der österreichischen Sozialdemokratie hieß es eigentlich nie »Lassalle oder Marx«, sondern immer »Lassalle und Marx«. Bis in die zweite Hälfte der 1880er-Jahre standen beide Ideologien gleichberechtigt nebeneinander. Eine friedliche Koexistenz, die nicht untypisch für Österreich erscheint, wo Gegensätze gerne zugedeckt werden. Niemandem kam es in den Sinn, Lassalle gegen Marx auszuspielen, dafür war man zu wenig an theoretischen Disputen, dafür umso mehr an praktischer politischer Arbeit interessiert. Das Ziel nach Victor Adler: »Die Arbeit, welche die Sozialdemokratie zu leisten hat, ist aber: das Proletariat mit den Zielen seiner Entwicklung vertraut zu machen und das Bewusstsein seiner Macht in ihm zu wecken.«

Das rege Parteileben in der Provinz wirkte nun immer wieder auf Wien zurück. 1885 wurde der »Wiener Arbeiterbildungsverein« neu gegründet. 1887 fand eine Versammlung im Gasthof Schwender in Wien statt, hier verabschiedete man gemeinsam eine Resolution, die die Grundlage der Einigung und des Hainfelder Programms wurde. Man forderte »die sofortige Aufhebung des Monopols der Besitzenden auf das politische Wahlrecht durch die Einführung des allgemeinen, gleichen, direkten und geheimen Wahlrechtes vom 20. Lebensjahr an als ein wichtiges Mittel der Agitation und Propaganda, ohne sich jedoch über den Wert des Parlamentarismus irgendwie zu täuschen.« Wenn das keine gute Kompromissformel war! Genau genommen, war jedoch das Zugeständnis an die anarcho-syndikalistische Fraktion nur verbal, ohne Substanz. Das Gesetz des Handelns lag nun wieder in Wien. Es entstand ein Zentralismus, der die Gemäßigten begünstigte, aber in Zukunft auch zum Problem wurde.

Endlich Parteigründung

Ein Bericht des Innenministers warnte vor Victor Adler, dem »gefährlichen Streber«, der in der österreichischen Arbeiterschaft eine dominierende Stellung einnehmen wolle: »In letzter Zeit ist nach einem Bericht der k.k. Polizeidirektion Wien ein lebhafter Verkehr des in Wien wohnenden, als sozialistischer Agitator bekannten Hausbesitzers und Med. Dr. Victor Adler in Wien mit fast allen Orten zu konstatieren, in denen eine sozialistische Organisation bestanden hat oder sozialistische Elemente auftauchen.«

Bald hatten die Radikalen nur noch in Graz und Linz einzelne Bastionen. Ab Herbst 1888 liefen die Vorbereitungen für den Parteitag, der als Hainfelder Parteitag in die Geschichte einging und endgültig zur Gründung der »Sozialdemokratischen Arbeiterpartei« (SDAP) führte. Der Name zeigte die Verbundenheit mit der gleichnamigen deutschen Schwesterpartei, er existierte bis zum Verbot der Partei durch die Ständestaatregierung. 80 Delegierte und 25 Gäste aus 13 Kronländern trafen am 22. Dezember zusammen, das war durch das Entgegenkommen des Bezirkshauptmanns Graf Auersperg ermöglicht worden. Die Einigungsresolution lautete: »Der Parteitag erklärt den Parteizwist durch die Annahme des Programms für beendet und erwartet von jedem Parteigenossen ehrliches und brüderliches Eintreten für die Gesamtpartei sowie energische und unerschrockene Arbeit auf dem gemeinsamen Boden unsres Programms zum Besten des Emanzipationskampfes der Arbeiterklasse.« Das war der Beginn eines organisatorischen Aufschwungs, der dazu führte, dass die österreichische Sozialdemokratie von einer zerstrittenen Splittergruppe zu einem der wichtigsten Faktoren der österreichischen Innenpolitik wurde. Die Radikalen verließen den Parteitag und spielten in der Folge keine große Rolle mehr. Victor Adler wurde zum ersten Vorsitzenden gewählt.

Das Programm des Hainfelder Parteitags, das von Karl Kautsky und Victor Adler ausgearbeitet wurde, war ein typischer Kompromiss, es knüpfte in vielen Fragen an Neudörfl an. Es bestand aus einer marxistischen Gesellschaftsanalyse, damit stellte sich die österreichische Arbeiterbewegung auf den Boden des wissenschaftlichen Sozialismus. Die Sätze lesen sich wie eine marxistische Magna Charta: »Die sozialdemokratische Arbeiterpartei in Österreich erstrebt für das gesamte Volk ohne Unterschied der Nation, der Rasse und des Geschlechtes die Befreiung aus den Fesseln der ökonomischen Abhängigkeit, die Beseitigung der politischen Rechtlosigkeit und die Erhebung aus der geistigen Verkümmerung. Die Ursache dieses unwürdigen Zustandes ist nicht in einzelnen politischen Einrichtungen zu suchen, sondern in der das Wesen des ganzen Gesellschaftszustandes bedingenden und herrschenden Tatsache, dass die Arbeitsmittel in den Händen einzelner Besitzender monopolisiert sind. Der Besitzer der Arbeitskraft, die Arbeiterklasse, wird dadurch zum Sklaven der Besitzer der Arbeitsmittel, der Kapitalistenklasse.« Zur Theorie kamen die tagesaktuellen Forderungen nach einem Achtstundentag und dem allgemeinen Wahlrecht.

Unklar war die politische Strategie. Sie festzulegen, war auch schwer möglich, allzu rapide vollzog sich der soziale und politische Wandel, den der fortschreitende Industrialisierungsprozess bewirkte. Hätte man einen konkreten »Zukunftsstaat« entworfen, hätte man Marx widersprochen, der forderte, keine Utopien zu entwerfen, sondern sich an die gesellschaftliche Wirklichkeit zu halten. In der Wahlrechtsfrage setzte die SDAP auf Agitation und Demonstrationen, das Mittel des Massenstreiks wurde nicht eingesetzt. Die innerparteiliche Wirkung war jedenfalls groß, es bot die Grundlage für den Aufstieg zur Massenpartei. Ein erster Schritt war gesetzt worden: »Das österreichische Proletariat hat nunmehr wieder eine würdige Vertretung seiner Interessen: eine sozialdemokratische Arbeiterpartei. Möge aber in allen Genossen das Bewusstsein wach sein und wach bleiben, dass der Parteitag in Hainfeld, wie er das Ende des Parteizwists ist, der Anfang der Parteiarbeit sein muss. Was bis jetzt geleistet, ist nichts mehr als die Bahnung des Weges. Was geschehen muss, ist, ihn zu betreten und nicht zu rasten, bis das Ziel erreicht ist: die Befreiung der Arbeiterklasse.«

Ein sozialdemokratisches Lager entsteht

Die Zeit nach Hainfeld war das Stadium des Hineinwachsens in eine Massenorganisation. Aus der Erfahrung von gemeinsamen

Siegen und vielen Niederlagen war das Bewusstsein entstanden, zu einer gemeinsamen Klasse zu gehören. Jetzt war die Zeit, wo man sich als linker Flügel des liberalen Bürgertums verstanden hatte, endgültig vorbei. Es gelang, in den verschiedensten Teilen der österreichischen Reichshälfte eine feste organisatorische Basis zu errichten und die Kampfmittel der Partei bei Repressionen optimal einzusetzen. An der Spitze, in den Entscheidungsgremien, fanden sich Intellektuelle, sie konnten die Positionen formulieren und erschienen daher als geeignete Repräsentanten. Neben den politisch-ökonomischen Kämpfen konzentrierte man sich auf die Versammlungstätigkeit, den Ausbau einer Parteipresse und Bildungseinrichtungen. Die »Erhebung aus der geistigen Verkümmerung«, aus der »vollkommensten Verthierung und Verblödung«, wie Victor Adler es ausdrückte, war ein großes Anliegen: »Das Proletariat zu organisieren, es mit dem Bewusstsein seiner Lage und seiner Aufgabe zu erfüllen, es geistig und physisch kampffähig zu machen und zu erhalten.« Hier schloss man an die Frühzeit der internationalen Arbeiterbewegung an, an Marx'sche Erziehungskonzeptionen, wie sie beim IAA-Kongress 1866 formuliert worden waren.

Bei den Wahlen von 1897 erreichten die Sozialdemokraten erstmals eine parlamentarische Vertretung. In den böhmischen Industriegebieten eroberten sie sieben Sitze. Obwohl sie keine ihrer Reformforderungen wie den Achtstundentag, das Verbot der Nachtarbeit oder die gleiche Bezahlung von Frauen parlamentarisch durchsetzen konnten, veränderte dieser Wahlerfolg ihre Haltung zum Parlament. Die Definition des Parlamentarismus als »Form der Klassenherrschaft« wurde 1901 fallengelassen. Nach den blutigen Straßenkämpfen zwischen sozialistischen Demonstranten und der Polizei 1905 in Prag und Wien wurden die überfälligen Reformen vollzogen. Die Wahlrechtsreform von Jänner 1907 führte das »allgemeine, gleiche, geheime und direkte Männerwahlrecht« ein. Schon bei den Wahlen im Mai 1907 eroberten die Sozialdemokraten 83 von 516 Parlamentssitzen.

»Indem wir die Arbeiter von der Welt des Kapitalismus losgelöst haben, indem wir den Arbeiter nicht allein politisch, sondern auch geistig, kulturell und gesellschaftlich von der Welt des Bürgertums gelöst haben, haben wir einen Staat im Staate geschaffen.« So charakterisierte Julius Deutsch das sozialdemokratische Lager: Es bestand aus der Partei, den Gewerkschaften, Genossenschaften und kulturellen Organisationen, das Zentrum war die Partei, doch sie war »wie siamesische Zwillinge« (Victor Adler) mit der Gewerkschaft verbunden. 89 bis 90 Prozent der Arbeiter in Österreich wählten diese Partei, 50 Prozent waren in ihr organisiert, das waren 26 Prozent der männlichen Bevölkerung. Die SDAP war eine »Massen- und Mitgliederpartei«, die Arbeiterklasse war ihre »Kerntruppe«, man warb aber auch um Angestellte aus der Mittelschicht, Kleinbürger, Hausfrauen. Vertrauensleute, die die Mitgliedsbeiträge kassierten und den Informationsfluss organisierten, sorgten für den Zusammenhalt der Partei, dazu kamen die sozialdemokratischen Zeitungen. Die Bildungseinrichtungen sollten das Niveau der Arbeiter heben und den bürgerlichen Normen Alternativen entgegenstellen. Durch den hohen Organisierungsgrad galt die SDAP international als allgemein anerkannte Musterpartei, sie hatte auch die Zuneigung ihrer Mitglieder: »Die Sozialistische Partei Österreichs ist nicht nur ein bestimmender Faktor unseres politischen Lebens, sondern eine Angelegenheit des Herzens. Das tiefe Geheimnis ihrer Macht ist, dass sie von ihren Anhängern geliebt wird«, so ein Mitglied.

Im entscheidenden Moment keine Mobilisierungskraft

Die SDAP strebte keine radikale Gesellschaftsveränderung an, es gelang ihr nach 1918, durch außerparlamentarischen Druck viele soziale Verbesserungen für die Arbeiter durchzusetzen, im Parlament blieb sie aber eine Minderheit. Von 1920 bis 1934 war sie in der Opposition. Sie strebte eine Gesellschaftsveränderung auf dem Weg des Parlamentarismus an und verstand sich als Ordnungsmacht. Marx selbst hatte 1879 mit diesem Problem gerungen: Wie sah für Sozialisten ein gangbarer Mittelweg aus zwischen dem utopischen Anspruch, durch eine Revolution die Umwälzung herbeizuführen, einerseits, und dem Zurückstellen des Klassenkampfes und dem Bemühen um Reformen innerhalb des gestehenden kapitalistischen Systems andererseits? Man bemühte sich um einen Ausgleich zwischen den sozialen Klassen, denn im Endeffekt würde die Entwicklung ohnehin unaufhaltsam in Richtung Sozialismus gehen. Bis dahin hütete man sich, sozialistische Prinzipien über Bord zu werfen und ließ sich auf eine Koexistenz mit der bestehenden Ordnung ein. Eine offensive Strategie gegen das Vorrücken autoritärer Kräfte vermochte die SDAP nicht zu entwickeln.

Entscheidend war die politische Wende vom 15. Juli 1927 rund um die Demonstration der Arbeiter gegen das Urteil im »Schattendorf-Prozess«, in deren Verlauf der Justizpalast in Brand gesteckt wurde und die Polizei 85 Arbeiter erschoss. Ein Generalstreik wurde nach zwei Tagen abgebrochen. Die bürgerlich-klerikale Regierung lernte daraus, dass die Sozialdemokraten in einem entscheidenden Moment die Basis nicht zu einem effektiven außerparlamentarischen Kampf mobilisieren konnten/wollten. Die Partei gab vielmehr die Theorie der »Pause« in der revolutionären Entwicklung aus, die Forderungen zur Erhaltung der Demokratie wurden immer defensiver, die innere Krise kam immer stärker zum Vorschein. Auf dem SDAP-Parteitag im Oktober 1933 traten die unterschiedlichen Vorstellungen über die Strategie zutage, die Führung um Otto Bauer reagierte widersprüchlich, zeigte sich nach außen hin verhandlungsbereit und forderte intern die Vorbereitung des bewaffneten Kampfes, um die Demokratie zu verteidigen. Durch ein taktisches Koalitionsangebot des christlich-sozialen Bundeskanzlers Seipel 1931, das von der SDAP-Führung abgelehnt wurde, verstärkte sich die innerparteiliche Polarisierung. Schwächung und Resignation wa-

Aufmarsch des »Schutzbundes« in Eisenstadt 1932, in der Mitte der Tribüne Otto Bauer

ren so weit fortgeschritten, dass die SDAP der Ausschaltung des Parlaments und der bewaffneten Auseinandersetzung im Februar 1934 wenig entgegenzusetzen hatte.

»Politik der radikalen Phrase«

Der Widerspruch zwischen Theorie und Praxis prägte die Sozialdemokratie der Zwischenkriegszeit. Die Theorie war revolutionär marxistisch, sie geriet in Widerspruch zur reformistischen Praxis der Partei, die Folge war, was Norbert Leser »Politik der radikalen Phrase« nannte, eine »Politik der linken Phrase und der rechten Tat«. Sie hat ihre Wurzeln in der politischen Entwicklung ab 1918. Keines der großen politischen Lager (nach einer Formulierung von Adam Wandruszka) war stark genug, um die Gesellschaft nach seinen Vorstellungen zu gestalten. Das Bürgertum war durch den Krieg diskreditiert, die Vertretung der Arbeiter besaß wenig Unterstützung in den agrarischen Regionen. Der neue Staat musste von allen Klassen gemeinsam gestaltet werden. Die Sozialdemokratie bemühte sich, ihre Vorstellungen im Bereich von Sozialgesetzgebung und Verfassung durchzubringen, der wirtschaftliche Bereich oblag den Bürgerlichen. Obwohl die linke Seite sich besonders in Bildungs- und Kulturfragen engagierte, gelang es nicht, die bürgerliche Dominanz auf diesem Gebiet zu brechen. Ein Ideenkonflikt eher als ein Interessenkonflikt prägte die Nachkriegsjahre, das führte zu einer Vertiefung der Gräben und zu einer spezifischen Lagermentalität. Mit dem Konzept einer proletarischen Gegenkultur, beginnend von den Arbeitersängern bis hin zu zahlreichen Bildungseinrichtungen, versuchte die Partei sozialistisches Bewusstsein zu schaffen und die Arbeiter aus dem bürgerlichen Lebenszusammenhang herauszulösen. Das gelang in urbanen Regionen besser als auf dem Land.

Im »Roten Wien« hatte die Partei ihr organisatorisches und politisches Schwergewicht. Wien war die erste Millionenstadt unter sozialdemokratischer Verwaltung. Ein Zeitgenosse registrierte 1926 bei der Durchreise durch Wien begeistert, dass in Wien Sozialdemokratie und Arbeiterschaft eins seien. Das »Paradies Otto Bauers«, spotteten die Kommunisten. Jeder vierte Wiener gehörte der Sozialdemokratischen Arbeiterpartei (SDAP) an, 60 Prozent der Parteimitglieder kamen aus Wien, im Vergleich dazu war die kommunistische Bewegung unbedeutend. Zu einem hohen ideologischen Bewusstseinsstand kam eine große organisatorische Stärke, insbesondere die Jugendorganisationen und der militante »Republikanische Schutzbund« waren geschult und kampfbereit.

Die theoretischen Anschauungen, auf denen die Parteiideologie fußte und durch die sie sich von Schwesterparteien im Ausland unterschied, werden mit dem Begriff »Austromarxismus« umschrieben. Als Gründungsdatum galt das Jahr 1904. Max Adler und Rudolf Hilferding riefen die Reihe »Marx-Studien« ins Leben, in der die wichtigsten theoretischen Werke zum Austromarxismus erschienen. Der Begriff selbst stammt vom US-Sozialisten Louis B. Boudin (1907). Otto Bauer, der bedeutendste Repräsentant dieser Schule, schrieb am 3. November 1927 in der »Arbeiter-Zeitung«: »Als ›Austromarxisten‹ bezeichnete man damals eine Gruppe jüngerer, wissenschaftlich tätiger österreichischer Genossen: Max Adler, Karl Renner, Rudolf Hilferding, Gustav Eckstein, Otto Bauer, Friedrich Adler waren die bekanntesten unter ihnen. Was sie vereinigte, war nicht etwa eine besondere politische Richtung, sondern die Besonderheit ihrer wissenschaftlichen Arbeit. ... Sie alle haben es im alten, von den Nationalitätenkämpfen erschütterten Österreich lernen müssen, die marxistische Geschichtsauffassung auf komplizierte, aller oberflächlichen, schematischen Anwendung der Marx'schen Methode spottende Erscheinungen anzuwenden. So entwickelte sich hier eine engere Geistesgemeinschaft innerhalb der Marx'schen Schule.« Berühmt wurde die Analyse Otto Bauers, dass »Nationalitätenhass sublimierter Klassenhass« sei. Bauer erkannte die eigenständige Kraft der nationalistischen Ideen.

Der Austromarxismus setzt sich durch

»Die Austromarxisten gehen von der Marx'schen Theorie und ihrer revolutionären Zielsetzung aus. Sie stoßen mit dieser Theorie in neue Bereiche vor und sind bereit, sie durch neue Kategorien weiterzuentwickeln« (Alfred Georg Frei). Sie bleiben also nicht an der schematischen Auslegung der Schriften von Marx und Engels kleben, sondern entwickeln sie schöpferisch weiter. Durchgesetzt hat sich die austromarxistische Richtung 1918, als die Linke in der Partei um Otto Bauer die Führung übernahm. Es gelang ihr, die Einheit der Bewegung zu bewahren, der Austromarxismus wurde zur »Ideologie der Einheit der Arbeiterbewegung« (Otto Bauer). Man schloss sich weder der II. (sozialdemokratischen) Internationale an noch der III. Kommunistischen, sondern versuchte einen dritten Weg zwischen beiden. Der Austromarxismus versuchte, eine Möglichkeit zu finden, wie die Partei der Arbeiterklasse in einem entwickelten westlichen Industriestaat mit parlamentarischer Demokratie bei Wahlen die Macht erringen und sie gegen den Widerstand des kapitalistischen Systems behaupten kann, ohne einen Bürgerkrieg heraufzubeschwören. Der Klassenkampf wurde zum »Ringen um die Seele der Volksmehrheit«.

Bauer beschrieb die Situation zu Beginn der Ersten Republik als »Gleichgewicht der Klassenkräfte«, für ihn ein Übergangszustand, nicht das Ziel; ein Zustand, in dem weder Bourgeoisie noch Proletariat das Übergewicht hatten und sich daher die Staatsgewalt teilen mussten. Er sah einen demokratischen Übergang zum Sozialismus vor, getragen von einer Unterstützung der Mehrheit des Volkes mit der Arbeiterpartei als Speerspitze und der Unterstützung der Mittelschicht, Intellektuellen und Kleinbürgern. »Binnen wenigen Jahren« werde die österreichische Arbeiterklasse »mit den gesetzlichen Mitteln der Demokratie die Macht erobern und in den gesetzlichen Formen der Demokratie die Macht ausüben können«. Bürgerkrieg sei nur vorgesehen, wenn es der Bourgeoisie trotz aller Gegenkräfte gelänge, die Demokratie zu sprengen. Es gelte aber das Prinzip: »Nicht die Köpfe einschlagen, die Köpfe gewinnen.« Er übersah aber, so die Kritik, dass das Bürgertum durch die Verfügungsgewalt über die Produktionsmittel stärker war. In seiner Klassenanalyse ging Bauer vom polaren Gegensatz zwischen Arbeiter- und Kapitalistenklasse aus, er sah eine natürliche Opposition des Proletariats gegenüber dem bürgerlichen Staat. Kennzeichnend für Bauer war also eine kritische Aneignung der Marx'schen Theorie und ihre Anwendung auf die österreichischen Verhältnisse. Seine Theorie prägte 1926 das Linzer Programm der SDAP, es wurde als »Geburtsurkunde des dritten Weges« zwischen orthodoxem Kommunismus und integrierter Sozialdemokratie bezeichnet.

»Austrobolschewisten!« – »Sozialfaschisten!«

Bauer gelang es, zwei unterschiedliche Strömungen in seiner Partei zusammenzubringen, die reformistische um Karl Renner mit einer schrittweisen Strategie einer »Wirtschaftsdemokratie« und die revolutionäre. Den gesetzlichen Mitteln der Demokratie räumt er in seinem Konzept der prozesshaften friedlichen Gesellschaftsveränderung viel Platz ein. Doch in der Ersten Republik fehlten die sozialen und politischen Voraussetzungen für die Verwirklichung, Bauer selbst schlug im Exil wieder radikalere Töne an. Die zeitgenössische Kritik ging mit dem Austromarxismus nicht gerade zimperlich um. Der publizistische Zweifrontenkrieg war gewürzt mit persönlichen Invektiven. Die bürgerliche Presse sprach vom »Austrobolschewismus«, der das Land in einen Volksaufstand treiben und eine Diktatur errichten wolle. Von linker, kommunistischer Seite geißelte man den Klassenverrat und Opportunismus der Sozialdemokraten, es entstand das böse Wort vom »Sozialfaschismus«. Die Austromarxisten würden den Marxismus zu einer »rückgratlosen, gallertartigen Masse machen, bei deren Anblick es einem wahren Revolutionär übelt« (Nikolaj Bucharin).

Von der Regierungsverantwortung im Gesamtstaat waren die Austromarxisten ausgeschlossen, so blieb die Wiener Kommunalpolitik als ihr Betätigungsfeld. Wurden die strategischen Überlegungen hier, in der kommunalen Praxis, umgesetzt? Spät, 1896, hatte die Partei erstmals in Wien kandidiert, sie errang wegen des Zensuswahlrechts, das Besitzlosen keine Chance gab, kein Mandat. Das Interesse für Wien wuchs aber, als die Christlichsozialen hier aktiv Kommunalpolitik betrieben. Das SDAP-Programm enthielt nur Forderungen, »die hier und heute durchführbar sind«, eine revolutionäre Umwälzung des gesamten kapitalistischen Systems gehörte nicht dazu: »Wir wissen genau, dass eine einzelne Gemeinde sich über die alle Verhältnisse beherrschende Tatsache der Ausbeutung der Arbeiterklasse durch das Kapital nicht mit einem Sprung hinwegsetzen kann.« So forderte man vor allem Verbesserungen für die soziale Lage der Arbeiter.

»Vom roten Wien zum roten Österreich«

»Wien ist sozialdemokratisch«, hieß es dann nach den ersten Gemeinderatswahlen der Nachkriegszeit im Mai 1919. Sozial-

und Gesundheitspolitik, Erziehung und Jugendfürsorge, Wohnungsbau wurden neben dem politischen Alltagsgeschäft wie einer Verwaltungsreform die wichtigsten Betätigungsfelder der sozialdemokratischen Gemeindeverwaltung. Die Veränderungen, die auf nationaler Ebene durch die Rolle in der Opposition nicht möglich waren, wurden nun auf kommunaler Ebene angestrebt. »Das Subsystem Wien wurde von den Sozialdemokraten bewusst zu einem Muster austromarxistischer Politik gestaltet.« (Anton Pelinka) »Vom roten Wien zum roten Österreich«, hieß es bei der Wahl 1930. Die segensreiche austromarxistische Kommunalpolitik sollte den Beweis erbringen, dass man es konnte, das gelungene Experiment Wien sollte Vorstufe der sozialistischen Gesellschaftsveränderung im gesamten Land sein. Natürlich gab es auch Zweifel, ob der Kapitalismus »von den Rathäusern aus beseitigt werden« könnte (Robert Danneberg).

Die Sozialausgaben im Budget stiegen 1919 im Vergleich zum Vorkriegsjahr auf das Dreifache, so wurden die meisten Steuern stark progressiv angehoben. Finanzstadtrat Hugo Breitner wurde je nach politischem Lager Ziel der Verehrung oder des Hasses (»Steuervampir«). »Unbeirrt von all dem Geschrei der steuerscheuen besitzenden Klasse holen wir uns das zur Erfüllung der vielfachen Gemeindeaufgaben notwendige Geld dort, wo es sich wirklich befindet«, also bei den Vermögenden, las man 1932 in der »Arbeiter-Zeitung«. Das Bild des »neuen Menschen« schwang bei der Erziehungs- und Kulturpolitik mit, vom Kindergarten angefangen wurde in den sozialen Einrichtungen versucht, auch politisches Bewusstsein zu vermitteln.

Diese Politik war, die Wahlergebnisse zeigen es, populär, die Kommunisten errangen keinen Sitz im Gemeinderat, aus den bürgerlichen Wählerschichten gab es Zulauf. Das »Rote Wien« war »dem österreichischen Bürgertum ein Dorn im Auge und ein Pfahl im Fleische« (Norbert Leser). Doch sobald die Gewaltfrage gestellt wurde, das zeigte der Juli 1927, war Wien nicht mehr in roter Hand: Auf den Straßen herrschte der Obrigkeitsstaat, die berittene Polizei, und es wurde auf Menschen geschossen – ein traumatisches Erlebnis. Das war nicht mehr zu kurieren.»Gesegnet sei der Tag, an dem in diesem Rathaus mit der marxistischen Machtpolitik ein Ende gemacht wird und ein Staatskommissär der Regierung Dollfuß hier sitzt«, so eine christlichsoziale Gemeinderätin im April 1933 im Wiener Landtag.

1934 als Zäsur

Die größte Zäsur in der Geschichte der österreichischen Arbeiterbewegung, das Ende ihrer Organisationen und ihrer legalen Tätigkeit, bedeutete der Februar 1934. Die Anhänger der Partei, die nicht aufhörten, weiter sozialistisch zu denken, waren vom aktiven politischen Geschehen völlig isoliert. Eine weitere politische Tätigkeit in der Illegalität blieb einer kleinen Elite vorbehalten, die zahlenmäßig unter einer Übertrittswelle zur Kommunistischen Partei litt. Trotz harter Repressionsmaßnahmen entwickelte sich eine relativ breite Untergrundbewegung. Sie organisierte sich als »Revolutionäre Sozialisten« (RS), Nachfolgerin und Erbin der SDAP, die zunächst radikal und mit revolutionärem Optimismus auftrat. Eine Volksfrontallianz mit den Kommunisten lehnte sie ab. Die KPÖ stand bis dahin im Schatten der großen und traditionsreichen Sozialdemokratie und vermochte weder vor 1934 noch nach 1945 nennenswerte Teile der Arbeiter an sich zu binden.

Sie fand in der Zeit der Illegalität aber durch den Zustrom von Intellektuellen, Schutzbündlern und Jugendlichen zu einer bedeutenden Rolle im Widerstand und übertraf mit ihrem Einsatz, auch mit ihrer Opferanzahl alle übrigen Gruppierungen. Die Kommunisten versuchten vergeblich eine »Aktionsgemeinschaft« und »Einheitsfront« mit der RS, obwohl sie einen tiefgreifenden und abrupten ideologischen Kurswechsel vollzogen. Nur der »Schutzbund« geriet zunehmend ins Fahrwasser der KPÖ. Das Ziel der »Vereinigung der Revolutionären Sozialisten mit der Kommunistischen Partei auf der Grundlage des Marxismus-

Die Februarkämpfe treffen auch Unbeteiligte: von Artilleriefeuer zerschossene Arbeiterwohnung im »Goethehof« 1934.

Leninismus« wurde nicht erreicht, auch nicht, als sie die Losung »Diktatur des Proletariats« durch die Forderung nach einer »demokratischen Republik« ersetzte und den »nationalen Freiheitskampf« proklamierte.

Die nächste Zäsur für die im Untergrund operierenden radikalen linken Gruppen bedeutete dann der März 1938, die Besetzung Österreichs durch Hitlers NS-Regime. Eine gewaltige Welle des Terrors versuchte, jeden Widerstand und jede Opposition auszuschalten. Für einen Partisanenkrieg oder individuellen Terror gegen ein diktatorisches Regime fehlte eine Theorie von Marx und Engels. Ihre Aussagen über die Guerilla aus der Zeit der bürgerlich-demokratischen Revolutionen des 19. Jahrhunderts waren nicht übertragbar. Marx sah den eigentlichen Aufstand zur Eroberung der Macht als Aufgabe des organisierten Volksaufstandes und Massenkampfes, nur in Ausnahmefällen, so Engels 1885, wäre es »einer Handvoll Leuten möglich«, durch »einen kleinen Anstoß ... Explosivkräfte freizusetzen, die dann nicht mehr zu zähmen sind und in Revolutionen münden können«. Auch für Lenin war die Massenbasis unverzichtbar für einen Umsturz.

Der sozialistische Widerstand zerfiel in einzelne, voneinander isolierte Gruppierungen, lose Gesinnungsgemeinschaften, »Stammtischrunden« in der Gestapo-Diktion. Gemessen an der Zahl der Opfer waren die praktischen Ergebnisse des Widerstandskampfes eher bescheiden. Im Sinne des von den Alliierten geforderten eigenen Beitrags der Österreicher zur Befreiung wirkte er sich freilich positiv aus. Der rechte Flügel der Sozialisten fand sich eher mit Repräsentanten des nicht sozialistischen Widerstands zusammen, das führte dazu, dass nach dem Zusammenbruch des Dritten Reichs vor allem diese in maßgebliche Funktionen rückten.

Wohnungsnot als soziale Gefahr

Die Wohnungsnot war nach einer Formulierung von Friedrich Engels die ständige Begleiterin der unterdrückten Klassen. Die Folgeprobleme der Industrialisierung waren vor allem in den Städten zu merken, hier waren viele Menschen rund um die Produktionsstätten zusammengeballt, sie lebten in Kleinfamilien, die Nachfrage nach Wohnraum war zu lösen. Wie man die Wohnungsfrage in den Griff bekommen sollte, wurde zum Gegenstand politischer Auseinandersetzung. Einige Privatleute, zumeist Architekten und Ökonomen, begannen Wohnreformkonzepte zu entwickeln, um den Notstand der Unterschichten zu beseitigen, aber auch um der sozialistischen Propaganda den Boden zu entziehen. Die katastrophalen Wohnverhältnisse nährten die Unzufriedenheit: »Die Wohnungsnot ist also eine sociale Gefahr« (so die noch vom Kaiser gestiftete Rauchberg Jubiläumsstiftung).

Die unterschiedlichen wohnungspolitischen Interessen traten nach dem Ersten Weltkrieg massiv zutage, der kapitalistische Wohnungs- und Baumarkt war zum Kriegsende zusammengebrochen. In allen europäischen Ländern hatte man schon während des Kriegs Mieterschutzmaßnahmen getroffen, um die Menschen von Aufständen zurückzuhalten. Nun, nach Einführung der parlamentarischen Demokratie, mussten sich die Parteien die Loyalität der Massen sichern, das war nur möglich, indem man ihre Grundbedürfnisse befriedigte, dazu gehörte neben der Ernährung das Wohnen. Mit dem Bau von fast 64.000 gemeindeeigenen Mietwohnungen im »Roten Wien« bis 1934 gelang es der Sozialdemokratie, auf diesem Gebiet ihre gesellschaftspolitischen Zielvorstellungen durchzusetzen, zum Teil mit revolutionär erscheinenden Neuerungen. Die Wiener Gemeindebauten wurden in Geschoßbauweise errichtet und auch in innerstädtischer Lage. Auf Eigenheimsiedlungen am Stadtrand nach angelsächsischem Vorbild wurde verzichtet, die Erschließung der Baugründe galt als zu teuer. Die Gegner dieses Wohnkonzepts sahen keine Notwendigkeit für die Blockbebauung, sie sahen dahinter ein wehr- und parteipolitisches Konzept und propagierten den Siedlungsgedanken. Der eigentumsbewusste Haus- und Grundbesitzer sollte dem links organisierten Industrieproletariat entfremdet werden.

Aber auch innerhalb der Sozialdemokratie gab es Unterstützung für das Siedlungswesen in Form der Kleingarten- und Schrebergartenbewegung für die Arbeiterbevölkerung der Großstadt. Das Eigenheim inmitten eines landwirtschaftlich genutzten Gartens wurde ein erstrebenswertes Ideal des Proletariers. Selbst Adolf Loos ließ sich von dieser Idee mitreißen: »Für alle kommenden Zeiten wird dies Stück Land, das der Mensch sich selbst bebaut, das bleiben, was es heute ist: die Zuflucht zur Mutter Natur, sein wahres Glück und seine einzige Seligkeit.« (1921) Doch die Entscheidung im Wiener Gemeinderat 1923 über den forcierten Bau von mehrgeschoßigen Mietshäusern bedeutete eine Absage an die Siedlerbewegung. Die »Entproletarisierung durch Siedlung«, das Schlagwort der Konservativen, wurde in Österreich nicht durchgesetzt. In der Tat wurden die Wiener Gemeindebauten auch in den Jahren der schweren Wirtschaftskrise und autokratischer Regierungen Zentren proletarischen Selbstbewusstseins. Die Gemeinde vermietete ihre Wohnungen ganz billig, die Mieter zahlten 3 bis 5 Prozent ihres Lohns, das war bei Weitem nicht kostendeckend.

Die Vergabe erfolgte nach einem Punktesystem, Familien mit Kindern wurden bevorzugt. Die Innenhöfe der Gemeindebauten boten die Möglichkeit zu einem Gemeinschaftsleben. Otto Bauer selbst stellte fest, dass die Wohnungen sehr klein waren, begründete das aber mit der Notwendigkeit, viele zu errichten. Durch die einheitlichen Wohnungsgrößen wollte man die Vorstellungen von sozialer Gerechtigkeit baulich umsetzen.

Der Karl-Marx-Hof

Im nordwestlichen Außenbezirk Döbling befand sich ein großes Stück Land in Gemeindebesitz, die Hagenwiese entlang der Heiligenstädter Straße, ein Abschnitt des alten Donaubetts. Am 10. Juni 1927 beschloss der Gemeinderat, hier eine Großwohnanlage zu erbauen. Es begann eine heftige Polemik der konservativen Opposition gegen die »Kasernen«, das Gelände wäre besser geeignet für eine Gartenstadt. »Das ist die Bauweise des Parteipolitikers, um die Massen greifbar, zum Aufmarsche bereit zu haben und sie auf Sammelplätzen zu versammeln«, hieß es im Landtag. Warum baut die Gemeinde derartige »Ungetüme«, eine Hausanlage mit 1400 Wohnungen für 5000 Menschen? »In diesen ungeheuren Häuserblocks, die mehr Menschen fassen als manche Landstädte Einwohner zählen, hat man die Leute, die an das Dogma der Partei glauben, hübsch beisammen und kann sie besser beeinflussen.« (»Neues Wiener Tagblatt«, 12.10.1930) Seit dem Sommer 1929 stand auch der Name für die Wohnanlage fest, im Amtsblatt stand: »Die Wohnhausanlage 19, Heiligenstädterstraße, wird ›Karl-Marx-Hof‹ benannt. Außer einer leicht sichtbaren Aufschrift mit der Bezeichnung ›Karl-Marx-Hof‹ an der Ansichtsfläche des Hauses ist im Inneren desselben eine Erläuterungstafel folgenden Wortlauts anzubringen: ›Karl Marx (1818–1883), Begründer des wissenschaftlichen Sozialismus.‹«

Die meisten Wohnungsbezieher kamen aus Arbeiterbezirken, Döbling war ja ein bürgerlicher Bezirk. Die Distanz zwischen

Arbeitsplatz und Wohnung sollte gering sein, somit wurden vor allem Eisenbahner und Arbeiter der Metallbetriebe aus Brigittenau und Floridsdorf bevorzugt. Sie erwiesen sich bei der Eröffnung am 12. Oktober 1930 als durchaus aufmüpfig, sie wollten nicht einfach nur geduldig eine Rede von Bürgermeister Seitz anhören, sondern organisierten einen Mieterausschuss und luden zu einer politischen Massenkundgebung am Vorabend der Eröffnung. Das politische Klima in der Republik war eben schon entsprechend aufgeheizt. Doch die Kundgebungsidee gefiel der Parteiführung überhaupt nicht. Politik sei nicht eine Sache von Mieterausschüssen, sondern von Parteigremien. Hauptredner war dann Otto Glöckel, der befriedigt feststellte: »Ein Stück neues Wien ist fertiggestellt. ... Für uns ist dieser Bau ein Symbol, an seiner Stirn trägt er den Namen des unsterblichen Geistes Karl Marx. Wir lachen darüber, dass kurzsichtige, verbohrte, engstirnige, ungebildete Menschen von ›Antimarxismus‹ reden und damit glauben, eine Wahlparole gefunden zu haben, mit der sie ja nur auf dumme Menschen wirken können. In dieser Zeit setzen wir auf den größten Bau Wiens den Namen, den wir nur mit Ehrfurcht aussprechen können: Karl Marx.«

Der Karl-Marx-Hof in Wien-Heiligenstadt: steingewordenes Symbol des »Roten Wien« und beeindruckendes Monument

Die Parteilinke hatte im Karl-Marx-Hof in der Folge immer eine starke Basis, auch eine kommunistische Zelle nistete sich mit einer kleinen Zeitung ein (»Der Karl-Marx-Hof«), doch als es sogar zu einer KPÖ-Versammlung im Hof kam, schritt die Mehrheitspartei ein: Sie wurde gesprengt.

Im Februar 1934 war der Hof ein Zentrum des Abwehrkampfes der Arbeiter, doch der Widerstand hatte eher Verzweiflungscharakter. Der Einsatz von Artillerie von der Hohen Warte herab brach den Widersand sehr schnell. Das Fazit nach den Februarkämpfen: »Der Karl-Marx-Hof, der ist zwar nicht eingestürzt, der hat's überstanden. Aber unser Glaube an die Partei, ... der ist eingestürzt«, nachzulesen bei Anna Seghers, »Der Weg durch den Februar«. Nach der Zerschlagung der Arbeiterbewegung hieß der Karl-Marx-Hof »Heiligenstädter Hof«, im Hof wurde eine Kapelle eingerichtet, der Mietzins angehoben. Nach 1945 erhielt er seinen alten Namen zurück. 1977 wurde er unter Denkmalschutz gestellt. Er ist noch heute eine städtebauliche Dominante im Bezirk Döbling. Für Hans Hautmann ist das Bauwerk »das in Stein umgesetzte, getreue Abbild des einstigen Austromarxismus. ... Nicht umsonst oder gar zufällig haben die Wiener Sozialdemokraten ihren schönsten Wohnblock, die Krönung all ihrer Bemühungen, nach Karl Marx benannt.«

Die Sozialdemokraten machten keine Revolution

Sicher ist, dass sich Marx und Engels mit dem Parteinamen »sozialdemokratisch« nicht anfreunden konnten. Doch von 1869 an, dem Gründungsjahr der sozialdemokratischen Arbeiterpartei Deutschlands, blieb es trotz der Übernahme marxistischen Gedankenguts beim Namen »Sozialdemokratie«. Sie wurde die dominante Organisation von Arbeitern und Angestellten. Die Sozialdemokraten in Deutschland und Österreich wurden keine revolutionären Parteien, sie wollten die Verbesserung der Lage der Arbeiter durch soziale Reformen, und zwar durch Zusammenarbeit mit liberalen Parteien und dem bürgerlichen Staat, und dies trotz der schweren gesellschaftspolitischen Konflikte zwischen den bürgerlichen Parteien und der Sozialdemokratie in der Zwischenkriegszeit.

Die Teilhabe an der Regierungsgewalt war nach 1945 für die gemäßigten Sozialisten die Erfüllung eines alten politischen

Traums. Die Traumata der Vergangenheit spielten hier eine große Rolle. Man erinnerte sich an die Arbeitslosigkeit und die Wirtschaftskrise der Zwischenkriegszeit und die politischen Begleiterscheinungen. Vollbeschäftigung und Wirtschaftswachstum zählten daher zu den wirtschaftspolitischen Schlüsselbegriffen der Nachkriegszeit. Marx wurde durch Keynes ersetzt. Auf dem ersten Parteitag nach dem Zweiten Weltkrieg, im Dezember 1945, als sich die Sozialdemokraten als »Sozialistische Partei Österreichs« (SPÖ) bundesweit wieder etablierten, gab es zwar noch Träume von einem dritten Weg zwischen Ost und West in Otto Bauers Tradition. Hatte nicht die 1946 von beiden Koalitionsparteien einhellig beschlossene Verstaatlichung erstmals auch die Eigentumsverhältnisse verändert? War nicht die gesamte Wirtschaft ohnehin bereits staatlich dirigiert? Warum sollte es nicht möglich sein, in Äquidistanz zu den Besatzungsmächten einen eigenständigen österreichischen Weg zum Sozialismus zu finden? Doch auf dem Oktoberparteitag 1947 kehrte sich die Partei radikal von dieser Linie ab. Die exponiertesten Vertreter einer Annäherung an die KPÖ wurden entmachtet und kaltgestellt. Die Partei stimmte für eine Annahme des Marshallplans, der eine marktwirtschaftliche Orientierung verlangte.

Die innerparteiliche Hegemonie der Gemäßigten war nie gefährdet. 1949 stimmten nur noch zwei Delegierte gegen die Fortsetzung der Koalition mit der ÖVP. Die, die nicht aus der Partei geworfen wurden, passten sich den innerparteilichen Machtverhältnissen an. Für Integrationswillige gab es Karrierechancen. Damit war Otto Bauers Idee vom »integralen Sozialismus« tot, nach der sich die demokratische Arbeiterbewegung des Westens mit dem Bolschewismus des Ostens vereinigen könnte. Max Adler, einer der Mitbegründer des Austromarxismus, hatte ja schon 1922 festgestellt, dass in der Sowjetunion der Begriff der Diktatur im Marx'schen Sinn eine verhängnisvolle Modifikation erfuhr, nicht mehr die Diktatur der Klasse des Proletariats, sondern eines Teils davon: »So wurde aus der Diktatur des Proletariats die Diktatur über das Proletariat, aus der Diktatur der Klasse die Diktatur einer Partei.« Die Diktatur des Bolschewismus hat zu einem Terrorregime ohnegleichen geführt. Dass Karl Marx, der die »Diktatur des Proletariats« als Rache der Geschichte für die Ausbeutung der Arbeiterklasse sah, diesen Begriff in die Welt gesetzt und daher eine historisch-moralische Begründung dafür geliefert hatte, bereitete den marxistisch orientierten Sozialisten viel Kopfzerbrechen. Auch die kommunistischen Parteien warfen den Ausdruck »Diktatur des Proletariats« daher über Bord.

Der »dritte Weg«

Die Sozialdemokratie bot niemals eine tatsächliche Alternative zum »Kapitalismus« an. Die Zeit nach dem Zweiten Weltkrieg erlebte den Ausbau und Abschluss der rechtlichen und sozialen Absicherung der Arbeitnehmer. Ohne das Wirtschaftswachstum anzurühren, vollendete die Sozialdemokratie das System der sozialen Sicherheit. Buchstäblich alle politischen, sozialen und rechtlichen Forderungen der sozialistischen Parteiprogramme des vorigen Jahrhunderts – mit Ausnahme der Vergesellschaftung aller Produktionsmittel – wurden erfüllt. An die Stelle der hierarchischen Klassengesellschaft trat eine Mittelstandsgesellschaft. Das diente der Verringerung der Klassengegensätze, die Voraussetzungen für den Ausbruch einer sozialen Revolution wurden verringert. Ziel war die Schaffung eines »demokratischen Sozialismus« mit und in einem demokratischen Staat. Auf Marx zu rekurrieren war mit diesem Weg nicht möglich, die deutsche SPD hat daher konsequenterweise 1959 in ihrem Godesberger Programm diese Abwendung von Marx vollzogen.

Auf der Suche nach Vorbildern und Traditionslinien, die lange Zeit verschüttet waren, stießen manche linke Parteien in Europa auf den Austromarxismus. In den 1970er-Jahren entdeckten vor allem italienische Eurokommunisten und französische Linkssozialisten die austromarxistischen Theoretiker der Zwischenkriegszeit. Sie suchten einen »dritten Weg« zwischen orthodoxem Marxismus-Leninismus und Sozialdemokratie, auch die sozialdemokratische Linke nach 1968 begann sich dafür zu interessieren. Sie begannen, über einen »dritten Weg« zu diskutieren. Norbert Leser prägte mit seinem Buchtitel »Zwischen Reformismus und Bolschewismus« 1978 die Diskussion. Er machte die radikale Phraseologie für das Scheitern des Austromarxismus mitverantwortlich. Die österreichische Sozialdemokratie der Zwischenkriegszeit wurde zum Opfer ihres hohen theoretischen Anspruchs. Der Widerspruch zwischen Wort und Tat, zwischen Theorie und Praxis führte zum Scheitern. Den revolutionären Worten folgten keine Taten, sondern Halbheiten, Inkonsequenzen, Illusionen. Wie schrieb Otto Bauer nach der Annexion Österreichs durch Hitlerdeutschland: »Es ist in Österreichs Schicksalsstunden immer zu spät.«

Der Austromarxismus wurde in der Nachkriegszeit von einem wirtschaftskompatibleren Sozialismus abgelöst, dem »dritten Weg«: Maifeier der Wiener Sozialdemokratie 1955.

»Sicher sehen wir heute vieles anders als Marx, aber ...«

1978 bekannte sich die SPÖ – sie war unter Bruno Kreisky Regierungspartei mit absoluter parlamentarischer Mehrheit geworden – in ihrem Grundsatzprogramm wieder zu gesellschaftlichen Strukturreformen und verwendete den Terminus der »klassenlosen Gesellschaft«. Wie diese durchzusetzen sein könnte, blieb allerdings unklar. Die Begriffe bewegten sich im Feld der reinen Theorie, gewannen den Anflug von gutgemeinter steriler Nostalgie. De facto realisierte Bruno Kreisky das Programm einer »offenen

Partei.« Zu Otto Bauers 40. Todestag 1978 und 100. Geburtstag 1981 rekurrierte die Parteispitze in einer Art Pflichtübung auf sein Vermächtnis, wärmer wurde seiner von der linken kritischen Intelligenz und Linksoppositionellen innerhalb der SPÖ gedacht.

Der Politiker, der die SPÖ mehrere Jahrzehnte hindurch maßgeblich prägte, war Bruno Kreisky. Er wurde in manchen Kreisen nur als der liberale und humane Reformer gesehen, ihn nicht auch als Sozialisten zu sehen, wäre eine naive Fehleinschätzung. Die Kreisky-Regierung zielte auch auf Systemveränderung ab. Der langjährige SPÖ-Minister Karl Waldbrunner sagte dazu: »... diese Umbildung der Gesellschaft kann nicht in wenigen Jahrzehnten und kann nicht in einer Generation gemacht werden. Hundert Jahre währt dieses Ringen schon, und es werden noch einige Generationen zu tun haben, um diese Ziele voll zu verwirklichen.« Kreisky selbst bekannte sich zu den Ideen des Austromarxismus und stellte sich selbst in seine Tradition: »Bauer und Renner waren die beiden Pole, zwischen denen ich mich und manche mit mir sich bewegt haben.« Kreisky widersprach denen, die vor einer Rezeption des Austromarxismus warnten und ihn für überlebt hielten. »Immer häufiger erheben sich Stimmen, die behaupten, dass von den Ideen und Visionen des Austromarxismus nichts mehr gilt. Ganz im Gegenteil! Ich glaube, dass es notwendig ist, vieles davon wieder lebendig zu machen«, schrieb er 1990 im Geleitwort zu Christoph Butterweges Schrift »Austromarxismus und Staat«. Das Ziel der Sozialdemokratie sei ein demokratischer Sozialismus, eine soziale Demokratie, das bedeute keineswegs eine Abwendung, einen Fluchtversuch vom Sozialismus, sondern einen ununterbrochenen dialektischen Prozess hin zu ihm. Dem Austromarxismus wurde auch eine Brückenfunktion über die Hauptströmungen der Arbeiterbewegung hinaus zugeschrieben, hin zu den neuen sozialen Bewegungen der Ökologen, Friedensbewegten und Feministinnen.

»Sicher sehen wir heute vieles anders, als Marx es gesehen hat, sicher hat die Kraft der sozialistischen Parteien, hat die Stärke

Bruno Kreisky läutete mit seinem Wahlerfolg 1970 seine über ein Jahrzent andauernde Kanzlerschaft ein. Unter seiner Regierung wurden viele sozialdemokratische Forderungen umgesetzt.

der Gewerkschaften die Gesellschaft zu einer anderen Entwicklung gedrängt, als Marx sie vorausgesehen hatte«, schreibt Bruno Kreisky in dem erwähnten Geleitwort. »Wir von der Sozialistischen Partei verlangen von niemandem, der in unsere Bewegung kommt und in ihr wirken will, dass er ein Glaubensbekenntnis zu Marx ablegt. Wir verlangen von niemandem die unkritische und unbesehene Annahme jener Gedankengänge und Lehren, die auf ihn zurückgehen. Wir selbst sind dazu nicht bereit.« Doch wie man auch zu Karl Marx stehen mag, so Kreisky, »niemals vorher hat das Wirken eines Gelehrten – und Marx war primär ein Gelehrter – solche gewaltigen Massen bewegt, wie das in seinem Namen geschehen ist. Gewiss: oft missdeutet und oft missverstanden, oft missbraucht und oft misstraut.«

Auch die Geschichte der österreichischen Sozialdemokratie beweist: Ab 1883 ist Karl Marx biologisch zu den Toten zu rechnen, doch er ist damit nicht in die Bedeutungslosigkeit abgesunken, wir können bei ihm mit einem beachtlichen Wiedergängertum rechnen. Von den »vier Leben des Karl Marx« schrieb Wolfgang Wippermann. Zieht man Marx' Stellenwert im Jahr seines Todes heran – kein besonders umfangreiches Lebenswerk mit Ausnahme des »Kapital« und eines gescheiterten Projekts namens »Erste Internationale« –, kann man sogar von einer posthumen Erfolgsgeschichte sprechen. Das Weiterwirken seiner Theorien unter dem Namen »Marxismus« war jedoch nicht vor Deformierungen gefeit. Der Ausdruck kam schon zu Marx' Lebzeiten auf, er konnte nicht viel damit anfangen, behauptete bekanntlich, »kein Marxist« zu sein. Die »Marxismus-Leninismus-Stalinismus« genannte Ideologie, die Studenten vom Ostteil Berlins bis nach Wladiwostok gelehrt wurde, hatte mit dem, was Marx vorschwebte, wenig zu tun. Dennoch wurden Führerkult, Speichelleckerei, Terror und Sklavenwirtschaft der Stalinzeit als marxistisch ausgegeben. Mit dem Ende dieses totalitären Systems schien Marx zum zweiten Mal gestorben, dieses Mal wurde er nicht von Krankheit und Alter dahingerafft, sondern von seinen »Adepten« Lenin und Stalin.

In den 1960er- und 1970er-Jahren erwachte Marx plötzlich wieder zum Leben, allerdings nicht in den Ländern, in denen der »real existierende Sozialismus« regierte, reformunfähige kommunistische Diktaturen, sondern im Westen, in der Studentenbewegung und unter dem Einfluss der kritischen Theorie der »Frankfurter Schule«. Theodor W. Adorno, Wilhelm Reich, Herbert Marcuse und Ernst Bloch waren die Ideologen der »68er«. Marx wurde hier zum Ausgangspunkt der Kritik an den bestehenden gesellschaftlichen Verhältnissen. Die Hoffnung auf Veränderung lag jedoch nicht wie bei Marx im Proletariat. Man setzte Hoffnung in die Revolte der »Verdammten dieser Erde« (Frantz Fanon), doch die Idee der antikolonialen Gewalt hatte mit Marx wenig zu tun. Che Guevara wurde zum revolutionären Superstar, ganze Generationen von Studenten trugen ein T-Shirt mit seinem Abbild, für ihn begeisterten sich eine Zeitlang fast alle marxistischen Gruppierungen, obwohl er selbst alles andere als ein Marxist war.

Grotesk auch der Irrweg, dem die westliche Linke in ihrem Kult um Mao Zedong folgte, der mit äußerster Gewaltanwendung ein kommunistisches Regime in China errichtete und fälschlicherweise als Marxist und Anführer einer nationalen Befreiungsbewegung galt. Kein Wunder, dass mit dem Ende des Maoismus und dem Untergang des »real existierenden Sozialismus« 1989 Marx seinen dritten Tod erlebte, obwohl man ihn schwerlich für Pol Pot oder den Gulag verantwortlich machen kann. Zur Jahrtausendwende hieß es dann »Das Gespenst geht wieder um« (»Die Zeit«) und »The Return of Karl Marx« (»The New Yorker«). Die »Wiederauferstehung von Karl Marx«, so eine Titelgeschichte des »Spiegel« im August 2005, weist darauf hin, dass das, was heute als »Globalisierung« teils gefeiert, aber immer mehr auch gefürchtet wird, von Marx mit dem Begriff des »Weltmarkts« vorhergesagt und beschrieben wurde. Seine Theorie einer humanen und herrschaftsfreien Gesellschaft wird wieder analysiert.

Totgesagte leben eben länger.

Zeittafel

1818	5. Mai: Karl Marx wird als Sohn des Justizrats Heinrich Marx und seiner Frau Henriette in Trier geboren.
1835	Reifeprüfung am Gymnasium in Trier
1835	Studium der Rechtswissenschaft und Philosophie in Bonn und Berlin bis 1841
1841	Promotion zum Dr. phil (in absentia) in Jena
1842	Mitarbeiter, später Chefredakteur der Kölner »Rheinischen Zeitung«
1843	Am 1. Juni Eheschließung mit Jenny von Westphalen
1843	Übersiedlung nach Paris
1844	Beginn der Zusammenarbeit und Freundschaft mit Friedrich Engels. Rege publizistische Tätigkeit
1845	Nach Ausweisung aus Frankreich Ankunft in Brüssel und Studienreise nach England
1847	Mitglied des »Bundes der Kommunisten«
1848	Rückkehr nach Köln, Chefredakteur der »Neuen Rheinischen Zeitung«, »Manifest der Kommunistischen Partei« (gemeinsam mit Engels). Aufenthalt in Wien in der Endphase der Revolution
1849	Ausweisung aus Preußen und Übersiedlung über Paris nach London
1852	Arbeit als Korrespondent der »New York Herald Tribune«
1852	»Der achtzehnte Brumaire des Louis Bonaparte«
1859	»Zur Kritik der politischen Ökonomie«
1861	Besuch bei Ferdinand Lassalle in Berlin und Beginn der Arbeit für »Die Presse«
1864	Gründung der Internationalen Arbeiter-Assoziation (Erste Internationale) in London
1867	Das theoretische Hauptwerk »Das Kapital«, 1. Band, erscheint.
1875	»Kritik des Gothaer Programms« der vereinigten deutschen Arbeiterparteien
1882	Reisen nach Algier, Frankreich und in die Schweiz
1883	14. März: Tod von Karl Marx

Literatur

Karl Bittel: Karl Marx als Journalist. Aufbau Verlag 1953

Gerhard Botz, Hans Hautmann, Helmut Konrad, Josef Weidenholzer (Hrsg.): Bewegung und Klasse. Studien zur österreichischen Arbeitergeschichte. Europa Verlag 1978

Manfred Botzenhart: 1848/49: Europa im Umbruch. UTB 1998

Christoph Butterwegge: Austromarxismus und Staat. Politiktheorie und Praxis der österreichischen Sozialdemokratie zwischen den beiden Weltkriegen. Verlag Arbeit & Gesellschaft 1991

Franz Endler: Österreich zwischen den Zeilen. Die Verwandlung von Land und Volk seit 1848 im Spiegel der Presse. Molden 1973

Iring Fetscher: Karl Marx und der Marxismus. Von der Philosophie des Proletariats zur proletarischen Weltanschauung. Piper 1967

Alfred Georg Frei: Die Arbeiterbewegung und die »Graswurzeln« am Beispiel der Wiener Wohnungspolitik 1919–1934. Braumüller Verlag 1991

Wolfgang Greif: Wider die gefährlichen Klassen. Zum zeitgenössischen Blick auf die plebejische Kultur im Wiener Vormärz. In: *Österreichische Zeitschrift für Geschichtswissenschaften* 2/Heft 2, 1991. S. 59–80

Günther Haller, Julius Kainz, Andreas Unterberger: Ein Stück Österreich. 150 Jahre »Die Presse«. Holzhausen 1998

Oscar J. Hammen: Die Roten 48er. Karl Marx und Friedrich Engels. Athenaion Verlag 1972

Ernst Hanisch: Karl Marx und die Berichte der österreichischen Geheimpolizei. Karl-Marx-Haus-Trier. 1976

Ernst Hanisch: Der kranke Mann an der Donau. Marx und Engels über Österreich. Europa Verlag 1978

Wolfgang Häusler: Von der Massenarmut zur Arbeiterbewegung. Demokratie und soziale Frage in der Wiener Revolution von 1848. Verlag Jugend und Volk 1979

Hans Hautmann, Rudolf Kropf: Die österreichische Arbeiterbewegung vom Vormärz bis 1945. Sozioökonomische Ursprünge ihrer Ideologie und Politik. Europa Verlag 1974

Jürgen Herres: Karl Marx als politischer Journalist im 19. Jahrhundert. In: Rolf Hecker, Richard Sperl, Carl-Erich Vollgraf (Hrsg.): Die Journalisten Marx und Engels. Das Beispiel Rheinische Zeitung (= Beiträge zur Marx-Engels-Forschung, Neue Folge 2005). Argument Verlag 2006, S. 7–28

Hansjürgen Koschwitz: Karl Marx und die Presse. Gewerkschaftliche Monatshefte 1. S. 37–44. 1970

Michael Krätke: Marx als Wirtschaftsjournalist. In: Rolf Hecker, Richard Sperl, Carl-Erich Vollgraf (Hrsg.): Die Journalisten Marx und Engels. Das Beispiel Rheinische Zeitung (= Beiträge zur Marx-Engels-Forschung, Neue Folge 2005). Argument Verlag 2006, S. 29–98

Norbert Leser: Zwischen Reformismus und Bolschewismus: Der Austromarxismus in Theorie und Praxis. Europa Verlag 1968

Wolfgang Maderthaner (Hrsg.): Arbeiterbewegung in Österreich und Ungarn bis 1914. Europa Verlag 1986

Karl Marx, Friedrich Engels: Marx/Engels-Gesamtausgabe (MEGA). Günter Heyden (Hrsg.). De Gruyter. Mehrbändige Ausgabe. o. J.

Ferdinand Opll, Peter Csendes (Hrsg.): Wien – Geschichte einer Stadt, Band 3. Von 1790 bis zur Gegenwart. Böhlau 2006

Brigitte Perfahl: Marx oder Lassalle? Zur ideologischen Position der österreichischen Arbeiterbewegung 1869–1889. Europa Verlag 1982

Ingrid Rath: »Und das Glück lag in der Mitten ...«. Des Bürgers Glück in der Spannung zwischen Autorität und Selbstbestimmung, eine Spurensuche im Wiener Biedermeier und Vormärz. Dipl.-Arb. Wien 1991

David Rjasanow: Karl Marx und die Wiener Presse. In: *Der Kampf 6* (1913). S. 249–257

Franz Seibert: Die Konsumgenossenschaften in Österreich. Geschichte und Funktion (= Materialien zur Arbeiterbewegung 11). Europa Verlag 1978

Jonathan Sperber: Karl Marx. Sein Leben und sein Jahrhundert. C.H. Beck 2013

Herbert Steiner: Karl Marx in Wien: Die Arbeiterbewegung zwischen Revolution und Restauration 1848. Europa Verlag 1978

Francis Wheen: Karl Marx. Bertelsmann Stiftung Verlag 2001

Wolfgang Wippermann: Der Wiedergänger. Die vier Leben des Karl Marx. Verlag Kremayr & Scheriau 2008

Bildnachweis

91020/United Archives/picturedesk.com: S. 44 r.
akg-images/picturedesk.com: S. 2, 12 r., 15, 39, 44 l., 47, 51, 54, 61, 122, 131, 134, 147
Anonym/Imagno/picturedesk.com: S. 119
Anton Zampis/Imagno/picturedesk.com: S. 36 (2)
Austrian Archives/Imagno/picturedesk.com: S. 142
Cermak, Alfred/ÖNB-Bildarchiv/picturedesk.com: S. 183
Die Presse/Clemens Fabry: S. 96
Ferdinand Georg Waldmüller/Imagno/picturedesk.com: S. 31
Hirscher, Albert/ÖNB Bildarchiv/picturedes.com: S. 168
Histopics/Ullstein Bild/picturedesk.com: S. 23
Imagno/picturedesk.com: S. 144
imago/Volker Preußer: S. 179
k. A./Imagno/picturedesk.com: S. 69
ÖNB-Bildarchiv/picturedesk.com: S. 153, 185
R. Lechner (Wilh. Müller), Wien/ÖNB Bildarchiv/picturedesk.com: S. 156
Roger Viollet/picturedesk.com: S. 110, 160
Sammlung Rauch/Interfoto/picturedesk.com: S. 80, 83, 103
Toni Schneiders/Interfoto/picturedesk.com: S. 127
Ullstein Bild/picturedesk.com: S. 12 l., S. 86
ullstein Bild/Ullstein Bild/picturedesk.com: S. 109, 175

STYRIA
BUCHVERLAGE

Wien – Graz – Klagenfurt
© 2017 by Molden Verlag Wien in der
Verlagsgruppe Styria GmbH & Co KG
Alle Rechte vorbehalten.
ISBN 978-3-222-15007-4

Bücher aus der Verlagsgruppe Styria gibt es
in jeder Buchhandlung und im Online-Shop
www.styriabooks.at

Coverfotos: akg-images/picturedesk.com (vorne);
  k. A./Imagno/picturedesk.com (hinten)
Cover- und Buchgestaltung: Emanuel Mauthe
Lektorat: Elisabeth Wagner

Druck und Bindung: Finidr
Printed in the EU
7 6 5 4 3 2 1